JN057375

カン・ウンジョン［著］

よくわかる

韓国語能力試験

TOPIK II

作　文

スリーエーネットワーク

ISBN 978-4-88319-931-0　C0087
Printed in Japan

はじめに

　最近は多くのTOPIK対策書を書店で見かけるようになりました。しかし、それらの本を使って教えていく中で、そのほとんどがあまりにも多くの戦略と情報を提供していると感じていました。多くの知識を習得することは悪いことではありませんが、その量に圧倒されてしまい、基礎をしっかり固めることができないのではないかと感じていました。本書はそのような点を考慮して作りました。

　以下は、本書の特長です。
● 細かい部分は取り除き、必ず守らなければならない基本をしっかりと学習することで、高得点が得られる。

● 筆記（作文）に苦手意識を持っている受験生のために、問題の類型別に「解き方のポイント」を提示し、体系的に学習できるようにすることで、韓国語の作文力が身につく。

● 韓国特有の表現や韓国語の構造に慣れていない受験生のために多様な例を提供し、弱い部分を集中的に補完できる。

● 予想問題を解き、実際の試験に徹底的に備えることができる。

　この本を通じて筆記（作文）試験の準備をすれば、TOPIK II 筆記試験の対策だけではなく、韓国語の作文の基本も学ぶことができます。しっかり取り組んでみてください。

　本書が皆さまにとって、良い道しるべになることを願っています。

2022年6月

カン・ウンジョン

目次

PART 4　問題54

模擬試験

《別冊》

本書について

1. 構成と内容

　本書は「韓国語能力試験（TOPIK）Ⅱ筆記（作文）」の4問を段階的に学習できるように構成されており、最後には模擬試験5回分も収録しています。また、別冊には問題の解答・解説、解答用紙を収録しています。

2. 学習方法

(1) 毎日、一定量の問題を解きましょう。

(2) 解いて終わり、書いて終わりではなく、十分に理解することを心がけましょう。

(3) 問題は一度だけでなく、二度取り組むとよいでしょう。書く時間がない場合は、口頭で作文をするだけでも効果があります。

(4) 出てきた表現は使えるようになるまで反復しましょう。

(5) 問題54などの長い作文を書く際は、アウトライン作りが大切です。アウトラインを作ってから文章を書く習慣をつけましょう。

 解き方のポイント

　問題51、問題52、問題53、問題54の過去問を分析し、高得点のためのポイントを提示しています。

✎ 練習問題

　本書には、模擬試験以外にも豊富な練習問題が収録されています。文の呼応の練習、終結語尾（한다体）、接続語など、さまざまな種類の練習をすることができます。

▶ グラフ分析

　さまざまなタイプの図表・グラフを提示し、それに合う表現を段階別に練習することができます。

▶ **問題54のアウトライン分析**

　論理的な答案を作成するために必要なアウトラインの作成方法を学ぶことができます。

▶ **模擬試験**

　TOPIK Ⅱ筆記で出題されそうな問題を作成しました。

3.　留意点

　本書は韓国Hangeul Park出版社から2022年に発行された〈COOL TOPIK Ⅱ쓰기〉を日本の読者向けに編集して発行するものです。日本語訳は、日本の読者向けに理解しやすいよう、元の韓国語の文から一部表現を変えているところがあります。

TOPIK（韓国語能力試験）について

1. 韓国語能力試験の目的
- 韓国語を母語としない在外同胞・外国人に対する韓国語学習の方向性の提示および韓国語の普及拡大
- 韓国語使用能力を測定・評価し、その結果を韓国内大学留学および就業等に活用

2. 受験対象者
韓国語を母語としない在外同胞・外国人のうち
- 韓国語学習者および韓国内大学への留学希望者
- 国内外の韓国企業および公共機関への就職希望者
- 外国の学校に在学中または卒業した在外国民

3. 主管機関
大韓民国教育部国立国際教育院

4. 試験の水準および等級
- 試験の水準：TOPIK I、TOPIK II
- 評価等級：6等級（1～6級）

TOPIK I		TOPIK II			
1級	2級	3級	4級	5級	6級
80点以上	140点以上	120点以上	150点以上	190点以上	230点以上

5. 問題構成
1）水準別構成

試験水準	時間	領域／時間	形式	問題数	配点	配点総計
TOPIK I	1時間目	聞き取り（40分）	選択式	30	100	200
		読解（60分）	選択式	40	100	

試験水準	時間	領域／時間	形式	問題数	配点	配点総計
TOPIK Ⅱ	1時間目	聞き取り（60分）	選択式	50	100	300
		筆記（50分）	記述式	4	100	
	2時間目	読解（70分）	選択式	50	100	

2）問題形式

①選択式問題（四択）

②記述式問題（筆記領域）

・文章を完成させる問題（短い解答）：2問

・作文：2問

－中級レベルの200〜300字程度の説明文1問

－上級レベルの600〜700字程度の論述文1問

6. 筆記分野の概要

筆記は全部で4問です。聞き取りと読解は各50問で100点ずつの配点ですが、筆記は4問で100点なので、適切な内容を正確に書くことができれば聞き取りや読解よりも高い点数を取ることができます。問題51と問題52は、2箇所の空欄を埋めて簡単な文を完成させる問題です。空欄1つにつき5点で、計20点です。問題53は提示されている表やグラフを読み取り、それを説明する200〜300字の文章を書く問題で、配点は30点です。問題54は難易度・配点ともに最も高い問題です。設問文で提示されている条件に沿って、3〜4つの段落で構成された600〜700字の文章を書きます。

問題番号	問題のタイプ	分量＆レベル	配点
問題51	文完成型	2つの文 3級レベル	5点×2 （計10点）
問題52	文完成型	2つの文 3級レベル	5点×2 （計10点）
問題53	作文型	200〜300文字 3〜4級レベル	30点

| 問題54 | 作文型 | 600〜700文字
5〜6級レベル | 50点 |

7. 筆記の評価基準

問題	評価基準
問題51-52	− 内容が文脈に合っているか。 − 文単位の表現が正確で文章の体裁と合っているか。
問題53	− テーマと関連していて豊かで多様な内容であるか。 − 提示されている情報を適切に使っているか。 − 文の構成が論理的かつ体系的であるか。 − 適切かつ多様な語彙と文法を使用しているか。
問題54	− テーマと関連しており、豊かで多様な内容であるか。 − 文の構成が論理的かつ体系的であるか。 − 適切かつ多様な語彙と文法を使用しているか。

PART 1 問題 51

問題51 について

問51はメッセージカード、Eメール、招待状、お知らせ、募集のような実用文を読み、その文章の中にある2箇所の空欄に適切な言葉を書く問題です。実用文は誰かに何かを知らせたり、紹介したり、お願いしたりするための文章です。その文章を読む人に直接語りかけるように書く場合が多いので、語尾をよく確認して書く必要があります。各5点で合計10点です。

過去問で傾向を把握しよう!

[51-52] 다음을 읽고 ㉠과 ㉡에 들어갈 말을 각각 한 문장으로 쓰시오.

　　　次の文章を読んで、㉠と㉡に入る言葉をそれぞれ一文で書きなさい。

51.

文章の種類

Q&A

→ 게시판

제목 : 도서관을 이용하고 싶습니다.　　　작성자 : 타넷 (2018-10-20)

한국대학교를 졸업한 학생인데 도서관을 이용하고 싶습니다.

선배에게 물어보니 졸업생이 도서관을 이용하려면 출입증이 (㉠).

출입증을 만들려면 (㉡)?　　→ 文章記号

방법을 알려 주시면 감사하겠습니다.　　→ 終結語尾

〈제60회 쓰기 51번 기출문제〉

💡 解き方のポイント

① 文章の種類が何かをまず確認します。実用文の種類は案内、問い合わせ、募集、招待状など、さまざまです。文章の種類を確認してから、内容の把握を行いましょう。

② 空欄の後の文章記号などを確認します。空欄の後に「？（疑問符）」があれば、文を疑問文にしなければなりません。

③ 文章を完成させた後、文章全体の終結語尾に合わせて書けているかどうかを確認します。終結語尾が「-습니다/ㅂ니다（〜です／〜ます）」で終わっていれば、同じ語尾で書かなければなりません。

④ 前後の文の内容や接続語を素早く把握しましょう。

※現在（2023.8）、本試験の設問文は以下のように変更されています。

다음 글의 ㉠과 ㉡에 알맞은 말을 각각 쓰시오.

（次の文章の ㉠ と ㉡ に当てはまる言葉をそれぞれ書きなさい。）

問題形式、問われている内容に変更はありません。

問51は簡単そうに見えますが、全体の文脈を把握し、前後の文に合わせて正しい文を完成させなければなりません。韓国の実用文の形式や表現に慣れていないと短時間で書くことは難しいので、書く練習をする前にさまざまな実用文を読み、多様な表現に触れておきましょう。次の1～10の問題を解きながら、実用文に慣れましょう。

※ **다음을 읽고 ㈀과 ㈁에 들어갈 수 있는 말을 모두 고르십시오.**

次の文章を読んで、㈀と㈁に入る言葉をすべて選びなさい。

1

무료로 드립니다

저는 5년 동안의 유학 생활을 마치고 다음 달에 고향으로 돌아갑니다. 그래서 (　㈀　). 책상, 그릇, 한국어 책 등이 있습니다. 관심이 있으신 분은 (　㈁　). 제 연락처는 010-1234-1234입니다.

㈀
① 짐 정리할 겁니다.
② 무료로 드릴 거예요.
③ 그동안 사용했던 물건들을 싸게 팔겠습니다.
④ 원하시는 분들에게 제가 쓰던 물건들을 무료로 드리려고 합니다.

㈁
① 저에게 연락을 합니다.
② 이메일로 연락해 주시기 바라요.
③ 언제든지 저에게 연락을 주십시오.
④ 이번 주까지 문자 메세지를 남겨 주시기 바랍니다.

> ## 無料で差し上げます
>
> 私は5年間の留学生活を終えて、来月故郷に帰ります。そのため（　㋐　）。机、食器、韓国語の本などがあります。関心のある方は（　㋑　）。私の連絡先は010-1234-1234です。

正解

㋐ ④ご希望の方に私が使っていた物を無料で差し上げようと思っています。

㋑ ③いつでも私に連絡をください。

　④今週までにショートメールを残してください。

《誤答チェック》

㋐

① 짐 정리할 겁니다. (荷物整理する予定です。) ➡ 짐을 정리하려고 합니다. (荷物を整理しようと思っています。) のように、助詞「을/를（～を）」と計画を表す「-으려고/려고 하다（～しようとする）」が必要。

② 무료로 드릴 거예요. (無料で差し上げます。) ➡ 文章の終結語尾が「-습니다/ㅂ니다」なので「-어요/아요」で書くと減点になる。

③ 그동안 사용했던 물건들을 싸게 팔겠습니다. (これまで使っていた物を安く売ります。) ➡ タイトルが「無料で差し上げます」であるため、「安く売ります」という内容は合わない。

㋑

① 저에게 연락을 합니다. (私に連絡します。) ➡ 저에게 연락을 주십시오. (私に連絡してください。) でなければ、意味が通らない。

② 이메일로 연락해 주시기 바라요. (Eメールでご連絡いただくことを希望します。) ➡ 後ろの文に電話番号が出ているので、Eメールではなく、전화해 주십시오 (電話してください)、もしくは 연락해 주십시오 (連絡してください) という表現が来なければならない。また、終結語尾が「-습니다/ㅂ니다」なので、「바라요」と書くと減点になる。

모집

K-POP 댄스 동아리 '보라'입니다. 이번에 (㉠). K-POP 댄스에 관심이 있는 회원이라면 누구든지 신청할 수 있습니다. (㉡)? 그래도 걱정하지 마십시오. 선배들이 하나에서 열까지 하나하나 가르쳐 드립니다. 다음 주 화요일까지 korean@dmail.com 으로 신청하십시오.

㉠

① 춤 공연을 합니다.
② 댄스 강의 신청을 받습니다.
③ 새로 신입 회원을 모집하려고 합니다.
④ 저희가 인기 가수의 안무를 배우려고 합니다.

㉡

① 초보자예요?
② 춤을 잘 못 춥니다.
③ 춤을 춰 본 적이 없습니까?
④ K-POP 댄스에 관심이 있는데 춤을 잘 못한다고요?

募集

K-POPダンスサークル「ボラ」です。この度（ ㉠ ）。K-POPダンスに興味のある会員なら誰でも申し込むことができます。（ ㉡ ）？でも心配しないでください。先輩たちが一から十まで一つ一つ教えます。来週火曜日までにkorean@dmail.comにお申し込みください。

正解

㉠ ③新たに新入会員を募集しようと思います。

㉡ ③ダンスを踊ったことがありませんか。

《誤答チェック》

㉠

① 춤 공연을 합니다. (ダンス公演をします。)、② 댄스 강의 신청을 받습니다. (ダンス講義の申し込みを受け付けます。)、④ 저희가 인기 가수의 안무를 배우려고 합니다. (私たちが人気歌手の振り付けを習おうとしています。)

➡ 会員を募集する文章なので、公演（公演）、강의 신청（講義の申し込み）、안무（振り付け）などの単語は内容に合わない。募集する部分を書く際は「-으려고/려고 하다（～しようと思う）」という表現を使う。

㉡

① 초보자예요? (初心者ですか？) ➡ 文章の終結語尾は「-습니다/ㅂ니다」なので、초보자입니까? や 초보자이십니까? でなければならない。「-어요/아요」で書くと減点になる。

② 춤을 잘 못 춥니다. (ダンスが苦手です。) ➡ ㉡の後が「？」で終わっているので、춤을 잘 못 춥니까? (ダンスが苦手でしょうか？) のような疑問文の形で書かなければならない。

④ K-POP 댄스에 관심이 있는데 춤을 잘 못한다고요? (K-POPダンスに興味はあるのに、ダンスが苦手なんですか？) ➡ 춤을 하다 ではなく 춤을 추다 でなければならない。

3

한국어능력시험 일정 변경 안내

안녕하세요? 한국어능력시험센터입니다. 제70회 한국어능력시험 연기에 따라 2032년 한국어능력시험 일정이 (㉠). 제70회 한국어능력시험 연기에 따른 취소, 환불에 대한 문의는 공지 사항을 (㉡).

	변경 전	변경 후		
	시험일	시험일	접수기간(국내)	성적 발표일
제69회	4.10.(토)~4.11.(일)	5.22.(토)~5.23.(일)	3.20.(토)~3.26.(금)	6.29.(화) 15:00
제70회	5.22.(토)~5.23.(일)	7.10.(토)~7.11.(일)	5.29.(토)~6.3.(목)	8.19.(목) 15:00
제71회	7.10.(토)	8.21.(토)	7.3.(토)~7.7.(수)	9.28.(화) 15:00

㉠
① 바꿨습니다.
② 바뀌었습니다.
③ 변경되었음을 알립니다.
④ 변경되었으니 아래의 일정을 확인해 주십시오.

㉡
① 확인해 주십시오.
② 확인해 주시기 바랍니다.
③ 유의해 주시기 바랍니다.
④ 다시 안내해 드리겠습니다.

韓国語能力試験 日程変更のご案内

こんにちは。韓国語能力試験センターです。第70回韓国語能力試験の延期に伴い、2032年の韓国語能力試験の日程が (㉠)。第70回韓国語能力試験の延期に伴うキャンセル、払い戻しに関する問い合わせはお知らせを (㉡)。

	変更前	変更後		
	試験日	試験日	受付期間 (国内)	成績発表日
第69回	4.10.(土)~4.11.(日)	5.22.(土)~5.23.(日)	3.20.(土)~3.26.(金)	6.29.(火) 15:00
第70回	5.22.(土)~5.23.(日)	7.10.(土)~7.11.(日)	5.29.(土)~6.3.(木)	8.19.(木) 15:00
第71回	7.10(土)	8.21(土)	7.3.(土)~7.7.(水)	9.28.(火) 15:00

※日程は架空のものです。

正解

㉠ ②変わりました。

　③変更されたことをお知らせします。

　④変更されましたので、下記の日程をご確認ください。

㉡ ①確認してください。

　②ご確認いただければ幸いです。

《誤答チェック》

㉠

① 바꿨습니다. (変えました。) ➡ ㉠ の前に助詞「이 (〜が)」があるので、「-이/가 바뀌다 (〜が変わる)」が正しい。바꾸다 (変える) は他動詞のため、助詞「을/를 (〜を)」と一緒に使う。ただし、かしこまった案内文には漢字語の 변경되다 (変更される) のほうが適切。

㉡

③ 유의해 주시기 바랍니다. (ご留意いただければ幸いです。) ➡ ㉡ の前に助詞「을 (〜を)」があるので、動詞 유의하다 (留意する) は使えない。「-에 유의하다 (〜に留意する)」のように助詞「에 (〜に)」と一緒に使う。

④ 다시 안내해 드리겠습니다. (再度ご案内いたします。) ➡ "취소, 환불에 대한 문의는 공지 사항을~ (キャンセル、払い戻しに関するお問い合わせはお知らせを〜)" という内容と合わない。

単語　□공지 사항 公知事項、お知らせ

Q & A

→ 게시판

도서관 이용 방법 문의

마포구에 살고 있는 외국인인데요. 마포 중앙 도서관에서 책을 빌리고 싶습니다.
한국인 친구에게 물어보니 외국인이 도서관을 이용하려면 회원증이 (㉠).
회원증을 만들려면 (㉡)? 방법을 알려 주시면 감사하겠습니다.

㉠
① 필요하대요.
② 있어야 해요.
③ 필요하다고 합니다.
④ 있어야 한다고 합니다.

㉡
① 어떻게 합니까?
② 어떻게 해야 하나요?
③ 어떻게 해야 됩니까?
④ 어떻게 해야 할 겁니까?

Q & A

→ 掲示板

図書館の利用方法に関するお問い合わせ

麻浦区に住んでいる外国人ですが、麻浦中央図書館で本を借りたいです。
韓国人の友達に尋ねてみたところ、外国人が図書館を利用するには会
員証が (㉠)。会員証を作るには (㉡)? 作り方を教えてい
ただければ幸いです。

正解

㋐ ③必要だそうです。

　④なければならないそうです。

㋑ ②どうすればいいでしょうか？

　③どうすればいいですか？

《誤答チェック》

㋐

① 필요하대요. (必要ですって。) ➡ 問い合わせる文章なので、口語的な表現の「-는대요/ㄴ대요/대요 (〜ですって)」ではなく「-는다고/ㄴ다고/다고 합니다 (〜だそうです)」という表現を使う。

② 있어야 해요. (なければなりません。) ➡ "한국인 친구에게 물어보니 (韓国人の友達に尋ねてみたところ)" という箇所から、他の人から聞いた話を伝える状況であるため、間接話法の「-는다고/ㄴ다고/다고 합니다 (〜だそうです)」という表現を使う必要がある。

㋑

① 어떻게 합니까? (どうしますか？)、④ 어떻게 해야 할 겁니까?

➡ 「-으려면/려면 (〜するには、〜するなら)」は「-어야/아야 되다(하다) (〜しなければならない)」という表現と一緒に使われる。④は文法的に間違っており、어떻게 해야 합니까? とならなければならない。

5

정국아, 전화를 안 받아서 문자를 보내.
정국아~ 미안한데, 오늘 회사에 갑자기 일이 생겨서 (㉠).
6시 말고 8시에 보는 건 어때? 갑자기 약속 시간을 바꿔서 미안해.
그 대신에 (㉡). 먹고 싶은 거 있으면 뭐든지 말해.
문자 보면 답장 꼭 줘.

㉠
① 6시에 만날 수 없어.
② 약속 시간을 늦췄으면 해.
③ 오늘 만날 수 없을 것 같아.
④ 제시간에 퇴근을 못 할 것 같아.

㉡
① 내가 밥을 사 줄까?
② 밥은 내가 살 거예요.
③ 내가 오늘 저녁을 살게.
④ 제가 오늘 저녁을 사겠어.

ジョングク、電話に出なかったから、メッセージを送るね。
ジョングク、悪いけど、今日会社で急に用事ができたから (㉠)。
6時じゃなくて8時に会うのはどう？ 急に約束の時間を変えてごめんね。
その代わりに (㉡)。食べたいものがあれば何でも言って。
メッセージを見たら必ず返事ちょうだい。

正解

㋐ ②約束の時間を遅らせてほしい。

　④時間通りに退勤できないと思う。

㋑ ③私が今日の夕飯をおごるよ。

《誤答チェック》

㋐

① 6시에 만날 수 없어. (6時に会えない。) ➡ 困難な状況について話すときは、言い切らずに、6시에 만날 수 없<u>을 것 같아</u>. のように「-을/ㄹ 것 같다 (〜しそうだ)」という表現を使うとよい。

③ 오늘 만날 수 없을 것 같아. (今日会えないと思う。) ➡ ㋐の後に "6시 말고 8시에 보는 건 어때? (6時じゃなくて8時に会うのはどう？)" とあるので、約束を取り消す内容は合わない。

㋑

① 내가 밥을 사 줄까? (私がご飯をおごってあげようか？) ➡ ㋑はピリオドで終わっているので、疑問文の形は来ない。

② 밥은 내가 살 거예요. (ご飯は私がおごります。)、④ 제가 오늘 저녁을 사겠어. (わたくしが今日の夕飯をおごるよ。)

➡ 文章の終結語尾が「-어/아」なので、②は 살 거예요 (買います) ではなく 살게 (買うよ)、④は 제가 (わたくしが) ではなく 내가 (わたしが) とならなければならない。

6

김태형 ♡ 정다움

오래 전부터 기다려 왔던 사람을 드디어 만났습니다.
먼 길 힘드시겠지만 꼭 오셔서 (㉠   ).
여러분들이 걸어 오셨던 인생의 지혜와 용기를 저희에게 나눠 주십시오.

*결혼식장은 주차 공간이 부족하니 (㉡   ). 그리고 화환은 받지 않습니다.

㉠
① 축하합니다.
② 축하하세요.
③ 축하해 주세요.
④ 축하해 주시기 바랍니다.

㉡
① 미리 양해 부탁드립니다.
② 대중교통을 이용해 주십시오.
③ 대중교통을 사용해 주십시오.
④ 대중교통을 이용해 주시기 바랍니다.

キム・テヒョン ♡ チョン・タウム

ずっと前から待っていた人についに出会えました。

遠いところ恐縮ですが、ぜひいらして（　㋐　）。

皆さまが歩んでこられた人生の知恵と勇気を私たちに分けてください。

*結婚式場は駐車スペースが足りないため、（　㋑　）。なお、花輪は受け付けておりません。

正解

㋐ ④祝っていただければ幸いです。

㋑ ①あらかじめご了承ください。

　②公共交通機関をご利用ください。

　④公共交通機関をご利用いただければ幸いです。

《誤答チェック》

㋐

① 축하합니다.（おめでとうございます。）、② 축하하세요.（祝いなさい。）

➡ お祝いする側の言い方。お祝いされる状況なので、축하해 주다（祝ってくれる）という表現を使う。

③ 축하해 주세요.（お祝いしてください。）➡ 終結語尾は「-습니다/ㅂ니다」なので、주세요 より 주십시오 と書いたほうがよい。

㋑

③ 대중교통을 사용해 주십시오.（公共交通機関をご使用ください。）

➡ 사용하다（使用する）ではなく、이용하다（利用する）が適切である。このほかに、버스（バス）、지하철（地下鉄）、도서관（図書館）、와이파이（Wi-Fi）なども「-을/를 이용하다」である。「-을/를 사용하다」は 볼펜（ボールペン）、컵（コップ）、칼（ナイフ）、존댓말（敬語）などで用いる。

7

아주머니, 그동안 감사했습니다.

저는 내일이면 미국으로 일을 (㉠). 제가 하고 싶은 일을 하게 되어서 기쁘지만 4년 동안 지내온 하숙집을 떠나야 한다고 생각하니까 많이 아쉽습니다. 작은 선물을 준비했는데 선물이 아주머니 마음에 (㉡).

㉠
① 하러 가요.
② 시작합니다.
③ 하러 갑니다.
④ 하러 가야 합니다.

㉡
① 드세요?
② 들면 좋겠습니다.
③ 드실지 모르겠습니다.
④ 들었으면 좋겠습니다.

おばさん、今までありがとうございました。

私は明日にはアメリカに仕事を (㉠)。私がしたかった仕事をすることになったので嬉しいのですが、4年間過ごしてきた下宿を離れなければならないと思うと、とても残念です。ささやかなプレゼントを用意しましたが、プレゼントがおばさんのお気に (㉡)。

正解

㉠ ③しに行きます。

　④しに行かなければなりません。

㉡ ③召すかわかりません。

　④召したら幸いです。

《誤答チェック》

㉠

① 하러 가요.（しに行きます。）➡ 終結語尾が「-습니다/ㅂ니다」なので、하러 갑니다 と書いたほうがよい。

② 시작합니다.（始めます。）➡ 미국으로（アメリカに）に移動の助詞「-으로/로（〜に）」があるので、これでは意味が通らない。

㉡

① 드세요?（召しますか？）➡ ㉡はピリオドで終わっているので、疑問文の形は来ない。

② 들면 좋겠습니다. ➡ 話す人の願いや希望を表すときは「-었으면/았으면 좋겠다（〜だったら嬉しい）」を使う。

8

E-mail

To. 김석진 교수님께

교수님 안녕하세요? 경제학 수업을 듣고 있는 경영학과 23학번 박지민입니다. 다름이 아니라 이번 학기 경제학 성적이 제가 예상했던 것보다 (㉠). 바쁘시겠지만 제가 어떤 부분이 부족했는지 (㉡)? 부족한 부분을 학업에 참고하여 보완하고 싶습니다. 저는 화 / 목 9:30~2:00 를 제외하고 언제든 가능합니다.

날이 추운데 감기 조심하세요.

박지민 올림.

㉠
① 낮아요.
② 점수가 높습니다.
③ 점수가 낮은 것 같습니다.
④ 점수가 낮아서 메일을 드립니다.

㉡
① 알려 주세요?
② 알고 싶습니다.
③ 알려 주실 수 있을까요?
④ 가르쳐 주실 수 있으세요?

To. キム・ソクジン教授

先生、こんにちは。経済学の授業を受講している経営学科2023年入学のパク・ジミンです。他でもないのですが、今学期の経済学の成績が私が予想していたよりも（　㋐　）。お忙しいとは存じますが、私がどんな部分が足りなかったのか（　㋑　）？ 足りない部分を学業の参考にして補いたいです。私は火／木の9:30〜2:00を除いて、いつでも可能です。

寒くなりましたので、風邪にはお気を付けください。

パク・ジミンより

正解

㋐ ③点数が低いようです。

　④点数が低かったので、メールをお送りいたします。

㋑ ③教えていただくことはできますか？

　④教えていただけますか？

《誤答チェック》

㋐

① 낮아요. （低いです。）➡ 終結語尾が「-습니다/ㅂ니다」なので、낮아요 ではなく 낮습니다 と書く必要があるが、断定的に 낮습니다（低いです）と書くより 낮은 것 같습니다（低いようです）と遠回しの表現を使ったほうがよい。

※遠回しの表現を使うときは、「-는/은/을 것 같다（〜するようだ）」を使う。

② 점수가 높습니다. （点数が高いです。）➡ ㋑ の後の文で "부족한 부분을 ~보완하고 싶습니다.（足りない部分を〜補いたい。）" と述べているので、内容が合わない。

9

분실물 보관함 안내

본 스포츠 센터 방문시 분실하신 물건들은 (　㉠　). 분실물의 보관 기간
은 습득일 기준으로 1개월입니다. 1개월이 지나도 (　ⓛ　). 분실물 관련
문의는 안내 데스크에서 해 주시기 바랍니다.

㉠

① 데스크에 보관 중입니다.
② 분실물 센터에서 찾을 수 있습니다.
③ 분실물 보관함에서 보관하고 있습니다.
④ 분실물 보관함에서 보관되어 있습니다.

ⓛ

① 가져가세요.
② 물건은 폐기합니다.
③ 가져가지 않으면 모두 폐기합니다.
④ 찾아가지 않는 물건들은 불우 이웃을 돕는 데에 이용하겠습니다.

落とし物保管ボックスのご案内

当スポーツセンター訪問時に失くされた物は（　⑦　）。落とし物の保
管期間は拾得日から1カ月間です。1カ月が過ぎても（　⑥　）。落とし
物に関するお問い合わせは、ご案内デスクまでお願いします。

正解

⑦ ①デスクで保管中です。

　 ③落とし物保管ボックスで保管しています。

⑥ ③持っていかなければすべて廃棄します。

　 ④引き取りのない物は生活困窮者を助けるために利用します。

《誤答チェック》

⑦

② 분실물 센터에서 찾을 수 있습니다. (落とし物センターで引き取ること
ができます。) ➡ 案内文のタイトルに 분실물 보관함（落とし物保管ボッ
クス）と書かれている。

④ 분실물 보관함에서 보관되어 있습니다. (落とし物保管ボックスで保管
されています。) ➡ 분실물 보관함에 보관되어 있습니다. (落とし物保管ボッ
クスに保管されています。) のように、保管されている場所を話している
ので、助詞「에（に）」を使う。

⑥

① 가져가세요. (持っていってください。)、② 물건은 폐기합니다. (物は
廃棄します。)

➡ ⑥の前にある「-어도/아도（～ても）」は後に続く内容が前の内容か
ら予想できる一般的な結果と異なる際に使うので、"1개월이 지나도 찾아
가지 않으면/가져가지 않으면（1カ月が過ぎても引き取りがなければ／持っ
ていかなければ）"という内容が来なければならない。

룸메이트 구함

1월~6월 단기간 (㉠). 월세는 50만 원인데 둘이 나눠서 냈으면 좋겠습니다. 집 안에 가구, 가전 제품, 모두 갖춰져 있어서 (㉡). 친구처럼 편하게 룸메이트 하실 분만 연락 주세요. 평일에는 학교 수업 때문에 전화를 못 받습니다. 가능한 한 문의는 문자 메시지로 해 주시기 바랍니다.

㉠
① 학생을 구합니다.
② 집을 빌려 드립니다.
③ 룸메이트를 찾습니다.
④ 함께 할 룸메이트를 찾습니다.

㉡
① 다 좋습니다.
② 생활하기가 편리할 거예요.
③ 본인의 짐만 챙기고 오시면 됩니다.
④ 그냥 몸만 들어와서 사시면 됩니다.

ルームメイト募集

1月～6月の短期間（　㋐　）。1ヵ月の家賃は50万ウォンですが、二人で分けて払えるとうれしいです。家の中に家具、家電製品、すべて備わっているので、（　㋑　）。友達のように気軽にルームメイトになる方だけご連絡ください。平日は学校の授業のため電話に出られません。できるだけお問い合わせはショートメールでお願いします。

正解

㋐　③ルームメイトを探しています。

　　④一緒に暮らすルームメイトを探しています。

㋑　③本人の荷物だけ持ってくればいいです。

　　④身一つさえあれば暮らせます。

《誤答チェック》

㋐

① 학생을 구합니다.（学生を探しています。）➡　これだけでは何をする学生を探しているのかが明確ではない。

② 집을 빌려 드립니다.（家を貸してあげます。）➡ "친구처럼 편하게 룸메이트 하실 분만 연락 주세요.（友達のように気軽にルームメートになる方だけご連絡ください）" と述べているので、この内容とは合わない。

㋑

① 다 좋습니다.（全部いいです。）➡　間違った文ではないが、1級レベルの文のため低い点数をつけられる可能性がある。

② 생활하기가 편할 거예요.（生活するのに便利だと思います。）➡ 終結語尾が「-습니다/ㅂ니다」なので、「-어요/아요」で書くと減点になる。

33

ステップ2：5分以内に書く

問51は比較的簡単な文で構成されているので簡単そうに見えますが、文を
完成させるのには時間がかかります。空欄に入る内容は、文章全体の目的を
説明する場合が多いため、文章の目的を表している「タイトル」や「文章の
種類」を把握すると、短時間で文脈に合った文を書けるでしょう。また、解
答にかかる時間を正確に測るのもいいでしょう。文章の読み・書きの速度を
向上させることができます。

〈例題〉
※ 다음을 읽고 ㉠과 ㉡에 들어갈 말을 각각 한문장으로 쓰시오.

무료로 드립니다

저는 유학생인데 공부를 마치고 다음 주에 고향으로 돌아갑니다. 그래서
지금 (㉠). 책상, 의자, 컴퓨터, 경영학 전공 책 등이 있습니다. 이번
주 금요일까지 방을 비워 줘야 합니다. (㉡). 제 전화번호는 010-1234-
5678입니다.

〈제35회 쓰기 51번 기출문제〉

51.	㉠
	㉡

💡 解き方のポイント

① 文を最後まで完成させてください。書きかけの文は0点です。

② 空欄は1つの文の一部です。詳しく書こうとして2つの文を書いてしま
うと0点になります。

③ 文を完成させたら、全体の文章の終結語尾と合っているか確認してく
ださい。

④ できるかぎり、3－4級レベルの文で書くようにしましょう。

訳・解答・解説

次の文章を読んで、㋐と㋑に入る言葉をそれぞれ一文で書きなさい。

無料で差し上げます

私は留学生ですが、学業を終えて来週故郷に帰ります。そのため、今（　㋐　）。机、椅子、パソコン、経営学専攻の本などがあります。今週の金曜日までに部屋を空けなければなりません。（　㋑　）。私の電話番号は010-1234-5678です。

〈第35回 筆記 問51 過去問〉

51.	㋐ 제 물건을 정리하려고 합니다 (私の持ち物を整理しようと思います) ／그동안 사용했던 제 물건들을 정리하려고 합니다 (今まで使っていた私の持ち物を整理しようと思います)
	㋑ 필요하신 분은 금요일 전까지 연락 주세요 (必要な方は金曜日までにご連絡ください) ／물건이 필요하신 분들은 금요일 전까지 연락 주시기 바랍니다 (物が必要な方は金曜日までにご連絡くださいますようお願いします)

㋐ まず、文章のタイトルを確認し、文章を書いた目的を考える。タイトルは "무료로 드립니다 (無料で差し上げます)" とあり、㋐の前には「留学生活を終えて故郷に帰る」、後には「物の種類」が述べられているので、この人物が持っている物を他の人に無料であげるという内容が適切である。

㋑ 空欄㋑の前後の文を確認する。前には「金曜日までに部屋を空けなければならない」、後にはこの人物の電話番号が述べられている。よって、金曜日までにこの人物の持ち物に関心のある人は連絡をしてほしいという内容が適切である。

時間を計りながら、5分以内に問題を解く練習をしましょう。

解答・解説は別冊 p.2〜p.13 にあります。問題を解き終わったら、答え合わせをしましょう。

※ 다음 글의 ㉠과 ㉡에 알맞은 말을 각각 쓰시오.

1. ⏳ ____分 ____秒

게시판

무료로 드립니다

제가 회사일 때문에 지방으로 이사를 가게 됐습니다. 그래서 (㉠). 침대, 책상, 그릇 등이 있는데 택배로 보내기가 힘들기 때문에 직접 가지고 가셔야 합니다. (㉡). 제 연락처는 010-1234-1234입니다.

㉠	
㉡	

2. ⏳ ____分 ____秒

게시판

경복궁 전통 문화 체험 프로그램 문의

서울에 살고 있는 외국인입니다. 저는 경복궁 전통 문화 체험 프로그램에 관심이 있습니다. 한국인 친구에게 물어보니까 이 프로그램에 신청하려면 먼저 사이트에서 회원 가입을 (㉠). 그런데 제가 한국말이 아직 (㉡)? 그래도 괜찮다면 이 프로그램을 신청하고 싶습니다.

㉠	
㉡	

36

3.

⃝⃝⃝   ✉ E-mail

To. 전정국 교수님께

안녕하세요? 경영학과 3학년 제임스입니다. 내일 교수님을 찾아뵙기로 했는데요. 그런데 교수님, (㉠). 정말 죄송합니다. 교수님, 죄송하지만 혹시 (㉡)? 답장 기다리겠습니다.

제임스 올림.

㉠	
㉡	

4.

지민아, 어제 나 때문에 화가 많이 났지? 정말 미안해. 어제 점심 때까지는 우리 약속을 기억하고 있었는데 일하느라고 (㉠). 약속을 못 지켜서 정말 미안해.
다음 주 토요일, 일요일 중에 (㉡)?
나는 주말에는 언제든지 괜찮아. 연락 기다릴게.

㉠	
㉡	

5.

신년회에 초대합니다

새로운 해가 시작되었습니다. 우리 학생회에서는 새해를 맞이하는 기념 행사로 1월에 (㉠). 기억에 남는 신년회가 되기 위해서 다양한 행사를 준비했습니다. 바쁘시겠지만 꼭 참석해서 자리를 빛내 주시기 바랍니다. 원활한 행사 진행을 위해 참석 여부를 아래의 메일로 (㉡).

김석진 올림.

cooltopik@hangul.co.kr

㉠	
㉡	

6.

○○○　　　　　　　　　　　　　　✉ E-mail

To. 김남준 선생님께

안녕하세요? 선생님.
박지민입니다. 바쁘셨을 텐데 추천서를 써 주셔서 감사합니다.
선생님 덕분에 (㉠). 그래서 찾아뵙고 감사 인사를 드리고 싶습니다.
(㉡)? 편하신 날짜와 시간을 말씀해 주세요. 저는 언제든지 괜찮습니다.

박지민 올림.

㉠	
㉡	

7.

⧖ ＿＿分 ＿＿秒

게시판

언어 교환 구함

안녕하세요? 저는 한국인 23살 남자입니다. 취직 준비 때문에 영어를 공부하고 있는데 (㉠). 저는 한국대학교에서 한국어를 전공하고 있어서 (㉡). 한국 문화에 관심이 있고 한국어를 배우고 싶으신 분은 연락 주세요. 제 연락처는 010-1234-1234입니다.

㉠	
㉡	

8.

⧖ ＿＿分 ＿＿秒

게시판

자원 봉사자 모집

도움이 필요한 곳으로 함께 봉사 활동을 떠나고 싶으십니까? 이번에 우리 어학당에서는 자원 봉사자를 모집하려고 합니다. 우리 학교 어학당 학생이라면 (㉠). 신청하고 싶으신 분은 (㉡). 신청 접수는 이메일만 받습니다.

- 모집 기간 : 2025. 1. 5. ~ 1. 9.
- 신청 방법 : 어학당 홈페이지에서 다운받은 신청서 작성 후 전자우편 접수 (cooltopik@hangul.co.kr)

㉠	
㉡	

9.

○ ○ ○

제목 연말 파티

1반 친구들아! 2025년 한 해도 추억 속으로 저물어 가고 있구나. 한 해가 다 가기 전에 (㉠). 따뜻한 음식과 와인, 재미있는 이야기가 준비되어 있으니 우리 반 친구들 모두 참석했으면 좋겠어. (㉡)? 그 시간에 참석이 가능한지 연락 줘.

㉠	
㉡	

10.

게시판

마스크 의무 착용 안내

안녕하세요? 고객님.
저희 매장은 코로나 바이러스 감염 방지를 위해 마스크를 반드시 (㉠). 마스크 미착용 시 매장 이용이 (㉡). 안전한 환경 유지를 위하여 협조와 양해 부탁드립니다. 그리고 매장 출입시 고객님의 주소, 전화번호를 적어 주시기 바랍니다. 개인 정보는 역학 조사에만 이용되고 4주 후 폐기됩니다.

㉠	
㉡	

PART 2 問題 52

問題52について

問52の文章は説明文です。4～6文で構成されている1つの段落を読み、2箇所の空欄に入る適切な言葉を書きます。全体の内容を把握しながら、文構造に合わせて適切な終結語尾の文を完成させなければなりません。前後の文にある 그러나、그래도 といった接続語などが、空欄に入る内容の手がかりになっている場合が多いです。前後の文にある語彙や文法を用いて文を作るとよいでしょう。各5点で合計10点です。

過去問で傾向を把握しよう！

[51-52] 다음을 읽고 ㉠과 ㉡에 들어갈 말을 각각 한 문장으로 쓰시오.

次の文章を読んで、㉠ と ㉡ に入る言葉をそれぞれ一文で書きなさい。

52.

接続語 ←　　　　　　　　　　→ 重要単語

사람들은 음악 치료를 할 때 환자에게 주로 밝은 분위기의 음악을 들려줄 것이라고 생각한다. 그러나 환자에게 항상 밝은 분위기의 음악을 (　㉠　). 치료 초기에는 환자가 편안한 감정을 느끼는 것이 중요하다. 그래서 환자의 심리 상태와 비슷한 분위기의 음악을 들려준다. 그 이후에는 환자에게 다양한 분위기의 음악을 들려줌으로써 환자가 다양한 감정을 (　㉡　).

-는다/ㄴ다/다 ←

〈제60회 쓰기 52번 기출문제〉

※この問題はp.60「5分以内に書く」の例題として解きます。

💡解き方のポイント

① 問52の文章は説明文なので、終結語尾を「-는다/ㄴ다/다」(いわゆる 한다体) で書かなければなりません。

② 空欄の前後の文にある重要単語や接続語が問題を解く手がかりになります。文章を読みながら重要単語だと考えられる部分には印をつけておくとよいでしょう。

③ 自分が書いた文の呼応関係が正しいか、単語を適切に選択しているかを、きちんと確認しましょう。

※問51と同じく、現在の本試験は設問文が

　다음 글의 ㉠과 ㉡에 알맞은 말을 각각 쓰시오.

　(次の文章の ㉠ と ㉡ に当てはまる言葉をそれぞれ書きなさい。)

となっていますが、問題形式、問われている内容に変更はありません。

文において、前に出た言葉に合うように後に出てくる言葉を適切に使うことを「呼応」といいます。文を構成している成分の呼応関係が一致しなければ、不自然な文になったり、書いた人の意図が誤って伝わったりしてしまいます。

練習問題

※ 다음 중 맞는 문장에 ✔ 하십시오.

次のうち、適切な文に✔をつけなさい。

1. 굶어서 빼는 다이어트는 건강에 안 좋기 때문에 ＿＿＿＿＿＿＿＿＿.
□ ㉠ 적당한 식사와 운동을 한다.
□ ㉡ 적당한 식사와 운동을 해야 한다.

2. 신용카드의 장점은 현금이 없어도 ＿＿＿＿＿＿＿＿＿.
□ ㉠ 물건을 살 수 있다.
□ ㉡ 물건을 살 수 있다는 것이다.

3. 무엇보다 기분이 나쁜 것은 ＿＿＿＿＿＿＿＿＿.
□ ㉠ 믿었던 친구가 내 험담을 했다.
□ ㉡ 믿었던 친구가 내 험담을 했다는 것이다.

4. 자신의 생각을 애매하게 이야기하면 ＿＿＿＿＿＿＿＿＿.
□ ㉠ 오해가 생겼다.
□ ㉡ 오해가 생길 수 있다.

5. 논리적인 글을 잘 쓰기 위해서는 ＿＿＿＿＿＿＿＿＿.
□ ㉠ 어릴 때부터 책을 많이 읽는다.
□ ㉡ 어릴 때부터 책을 많이 읽는 것이 좋다.

6. 인공 지능 로봇이 교사를 대체하게 된다면 _____.
□㉠ 여러 가지 문제가 발생한다.
□㉡ 여러 가지 문제가 발생할 것이다.

7. 혼자 힘으로는 힘들겠지만 한 사람 한 사람의 의식이 바뀐다면 _____.
□㉠ 이 세상은 충분히 달라졌다.
□㉡ 이 세상은 충분히 달라질 수 있다.

8. 사회생활을 잘 하려면 _____.
□㉠ 기본적으로 적절한 거리 두기를 한다.
□㉡ 기본적으로 적절한 거리 두기가 필요하다.

9. 대중교통을 이용함으로써 _____.
□㉠ 생활에서 지출되는 비용을 줄인다.
□㉡ 생활에서 지출되는 비용을 줄일 수 있다.

10. 배달 음식 이용이 늘어남으로써 _____.
□㉠ 일회용 쓰레기가 감소했다.
□㉡ 일회용 쓰레기가 증가하고 있다.

11. 문법을 많이 안다고 해서 _____.
□㉠ 말을 잘 한다.
□㉡ 말을 잘 하는 것은 아니다.

12. 경제가 발전함에 따라 _____.
□㉠ 생활 수준도 나빠졌다.
□㉡ 생활 수준도 좋아졌다.

13. 위버 증권사의 예측이 계속해서 빗나감에 따라 _____.
□㉠ 고객들의 불만이 커지고 있다.
□㉡ 투자하려는 고객이 늘어나고 있다.

14. 교통 정보에 의하면 _____.
  □ ㉠ 오후부터 고속도로가 막힐 것이다.
  □ ㉡ 오후부터 고속도로가 막힐 것이라고 한다.

15. 요가를 계속 하다가 보면 _____.
  □ ㉠ 몸이 점점 유연해졌다.
  □ ㉡ 몸이 점점 유연해 질 것이다.

16. 그 정당이 선거에서 실패한 까닭은 _____.
  □ ㉠ 국민들의 정서를 제대로 못 읽었다.
  □ ㉡ 국민들의 정서를 제대로 못 읽었기 때문이다.

17. 최근 바이러스 감염 문제로 해외여행은 크게 주는 데 반해 _____.
  □ ㉠ 국내 여행은 늘고 있다.
  □ ㉡ 국내 여행도 줄고 있다.

18. 중요한 일이니만큼 _____.
  □ ㉠ 실수를 많이 해 버렸다.
  □ ㉡ 실수하지 않도록 꼼꼼히 준비해야 한다.

19. 아무리 좋은 약이라고 해도 _____.
  □ ㉠ 오랫동안 몇 개씩 먹으면 부작용이 생겼다.
  □ ㉡ 오랫동안 몇 개씩 먹어서 부작용이 생길 것이다.

20. 두 나라의 정상이 만났더라면 _____.
  □ ㉠ 역사는 바뀌었다.
  □ ㉡ 역사는 바뀌었을 것이다.

ステップ2：文の呼応関係を身につけよう❷

呼応関係を意識しながら、文を作成してみましょう。多くの学習者が作成した文は、意味は通じていても、文の呼応関係が正しくない場合が多くあります。試験によく出る表現を集中的に練習し、正確かつ自然な文構造を身につけましょう。

 練習問題

※ 문장의 호응이 잘 되도록 뒤의 문장을 완성하십시오.

　文の呼応関係が適切になるように文を完成しなさい。

 動詞 기 때문에 動詞・形容詞 어야/아야 한다

　～なので～でなければならない

---

1. 노후에는 노동의 기회가 줄어들기 때문에 ＿＿＿＿＿＿＿＿＿＿＿＿.

（ 젊었을 때 / 돈 / 모으다 ）

2. 무리한 운동을 하다가 다칠 수도 있기 때문에 ＿＿＿＿＿＿＿＿＿＿＿＿.

（ 자기 / 맞는 운동 / 골라서 하다 ）

 名詞 은/는　{ 動詞・形容詞 는다는/ㄴ다는/다는 것（점）이다
　～は　　　　～ということ（点）である
　　　　　　名詞 이다　～だ }

---

3. 인터넷 쇼핑의 장점은 ＿＿＿＿＿＿＿＿＿＿＿＿＿＿＿＿＿.

（ 시간과 장소 / 관계없이 / 할 수 있다 ）

4. 면접을 볼 때 무엇보다도 중요한 것은 ＿＿＿＿＿＿＿＿＿＿＿.

（ 자신감이 있다 / 태도 ）

💡 動詞・形容詞 으면/면 動詞・形容詞 을/ㄹ 수 있다
　～だと～であることがある

5. 평균 수면 시간이 짧으면 _____.

(면역력 / 떨어지다)

6. 운동을 하면서 스트레스를 받으면 _____.

(건강 / 더 / 해롭다)

💡
動詞 기 위해서는　　｜動詞・形容詞 는/은/ㄴ 것이 좋다
　～（する）ためには　　～であるのがよい
　　　　　　　　　　　名詞 이/가 필요하다
　　　　　　　　　　　　～が必要である

7. 장수하기 위해서는 _____.

(소식하다 / 좋다)

8. 치매를 예방하기 위해서는 _____.

(보다 / 적극적이다 / 대비와 관리)

💡 動詞 는다면/ㄴ다면
　形容詞 다면　　　　動詞・形容詞 을/ㄹ 것이다
　　～であれば　　　　～だろう

9. 시험 준비를 제대로 한다면 _____.

(좋다 / 결과 / 얻다)

48

10. 지구의 온도가 상승한다면 _____.

(폭우 / 폭염 / 기상 이변 / 나타나다)

💡 動詞 · 形容詞 음/ㅁ으로써 動詞 · 形容詞 을/ㄹ 수 있다
　　～ (する) ことで～ (する) ことができる

---

11. 대화를 통해 서로 이해하려고 노력함으로써 _____.

(세대 차이 / 좁히다)

12. 여러 분야의 책을 읽음으로써 _____.

(다양하다 / 간접 경험 / 하다)

💡 動詞 는다고/ㄴ다고 해서
　　形容詞 다고 해서　　　動詞 · 形容詞 는/은/ㄴ 것이 아니다
　　名詞 (이)라고 해서　　　～であるわけではない
　　　　～であるからといって

---

13. 한국 사람이라고 해서 _____.

(한국어 문법 / 제대로 / 알다)

14. 싸다고 해서 _____.

(질 / 다 / 나쁘다)

💡 動詞 음 / ㅁ에 따라 前の内容に伴う結果

　　～（する）につれて…

15. 원유 가격이 폭등함에 따라 _____.

　　　　　　　　　　　　　　　　　（ 원자재 가격 / 오르다 ）

16. 일하는 여성이 늘어남에 따라 _____.

　　　　　　　　　　　　　　　　　（ 출산율 / 낮아지다 ）

💡 名詞 에 의하면 ┌ 動詞 는다고 / ㄴ다고 한다
　　 ～によると │ 形容詞 다고 한다
　　　　　　　 └ ～だそうだ

17. 서울시 관계자에 의하면 _____.

　　　　　　　　　　　　　　　　（ 내일 / 음주 단속 / 실시하다 ）

18. 신문 기사에 의하면 _____.

　　　　　　　　　　　　（ 한국 / 방문하다 / 일본 여행객 / 50% / 줄다 ）

💡 動詞 다가 보면 動詞 을 / ㄹ 수 있다(~을 / ㄹ 것이다)

　　～（し）ていると～（する）ことができる（するだろう）

19. 어떤 일을 열심히 하다가 보면 _____.

　　　　　　　　　　　　　　　　　　（ 그 분야 / 전문가 / 되다 ）

20. 운동을 꾸준히 하다가 보면 _____.

　　　　　　　　　　　　　　　　（ 체중 / 줄어들다 / 건강 / 좋아지다 ）

💡 動詞・形容詞 는/은/ㄴ 까닭은 動詞 기 때문이다
　　～（する）理由は～（する）ためだ

21. 이번 프로젝트가 실패한 까닭은 _____.
　　　　　　　　　　　　　　（ 팀원들 간 / 의사소통 / 잘 안되다 ）

22. 경제 위기가 되풀이되는 까닭은 _____.
　　　　　　　　　　　（ 정부 / 과거의 경제 상황 / 살펴보지 않다 ）

💡 動詞・形容詞 는/은/ㄴ데 반해 前の内容と反対の内容
　　～であるのに対して／反面…

23. 지하철은 _____.
　　　（ 빠르다 / 편하다 / 좋다 / 출퇴근 시간 / 많은 사람 / 이용하다 / 불편하다 ）

24. 대도시 인구는 _____.
　　　　　　　　（ 증가하다 / 농어촌의 인구 / 줄어들다 ）

💡 動詞・形容詞 으니/니만큼 動詞・形容詞 어야/아야 한다
　　～であるだけに／だからこそ～でなければならない

25. 소비자들의 눈이 높아졌으니만큼 _____.
　　　　　　　　　　　　　（ 상품 / 차별화되다 / 요소 / 가지고 있다 ）

26. 청소년들이 보는 영상이니만큼 _____.
　　　　　　　　　　　　（ 유해하다 / 장면 / 피하다 ）

51

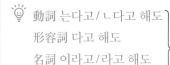

27. 인공 지능이 아무리 뛰어나다고 해도 _____.

（ 인간 / 뛰어넘다 ）

28. 평소 건강하다고 해도 _____.

（ 잘 / 관리하지 않다 / 건강 / 나빠지다 ）

29. 어렸을 때부터 영어 조기 교육을 했더라면 _____.

（ 지금 / 훨씬 / 영어 / 잘하다 ）

30. 시간 관리를 제대로 했더라면 _____.

（ 지금처럼 / 시간 / 쫓기지 않다 ）

ステップ3：接続語を覚えよう

問52は、文章の中で出てくる「그러나」、「그런데」、「그러므로」といった
さまざまな接続語を見て正解を探さなければならないため、接続語の正確な
意味を把握しておくことが必要です。試験によく出る接続語は次のようなも
のです。

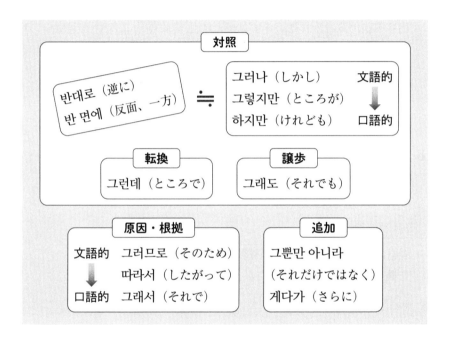

● 「그러므로」、「따라서」、「그래서」は前の内容が後の内容の理由や原因、
　根拠になるときに使います。「그래서」は文章を書くときや話すときに両方
　使えますが、「그러므로」と「따라서」は文語的な感じが強い接続語です。

● 「그러나」、「그렇지만」、「하지만」は前の内容と後の内容が相反するとき
　に使います。「그런데」も前後が相反する内容を表すときに使えますが、
　他の方向へ話を展開していくときにも使います。例えば「아, 그렇구나.
　그런데 너 숙제는 했어?（あ、そうなんだ。ところで、宿題はした？）」、「날

씨가 많이 추워졌다. 그런데 부모님은 건강하시지? (天気が寒くなったね。ところで、ご両親はお変わりないでしょう？)」のように話題を切り替えるときによく使います。「그런데」は口語的、「그러나」は文語的な表現です。

● 「그래도」は「그러하다（そうだ）」に「-어도/아도（～しても）」が結合した譲歩の接続語です。前の内容から導かれる一般的な予想とは異なる内容を続ける場合に使います。例えば、「큰소리로 그 사람을 불렀다. 그래도 대답이 없었다. (大声でその人を呼んだ。それでも返事はなかった。)」「춤을 잘 못추십니까? 그래도 걱정하지 마십시오. (ダンスが苦手ですか？それでも心配しないでください。)」のように前の文から期待されることとは異なる状況が来るときに使います。

● 「그뿐만 아니라」、「게다가」は前の内容を後ろの文に付け加えるときに使用します。

✏️ 練習問題

※ 빈칸에 들어갈 접속사를 쓰십시오.
空欄に入る接続語を書きなさい。

1. 방학 잘 보냈어? ＿＿＿＿＿＿＿＿＿ 너 내가 부탁한 책 가져 왔니?

2. 한 달간 쉬지 않고 일을 하였다. ＿＿＿＿＿＿＿＿＿ 병이 난 것 같다.

3. 전철 안에는 임산부를 위한 배려석이 설치되어 있다. ＿＿＿＿＿＿＿＿＿
   임산부가 아닌 사람들이 많이 앉아 있는 것을 볼 수 있다.

4. 우리 주변에는 초콜릿, 사탕, 요구르트 등 설탕이 많이 들어간 음식이 많다.
   ＿＿＿＿＿＿＿＿＿ 이러한 음식에만 설탕이 많이 들어간 것은 아니다.

5. 텔레비전은 눈 건강에도 안 좋을 뿐만 아니라 기억력과 학습에 부정적인 영향을 미친다. _____ 텔레비전이 우리에게 나쁜 영향만을 끼치는 것은 아니다.

6. 우리 춤 동아리에 들어오십시오. 춤을 잘 못 추십니까? _____ 걱정하시 마십시오. 기초부터 천천히 가르쳐 드립니다.

7. 게임을 많이 하면 정신 건강에 좋지 않다. _____ 우리는 게임하는 시간을 정해놓고 해야 한다.

8. 당신을 만든 것은 자기 자신이다. _____ 당신을 바꾸는 것도 자기 자신이어야 한다.

9. 악성 댓글이 끊이지 않는 것은 처벌이 강하지 않기 때문이다. _____ 악플로 인한 피해를 막으려면 확실한 처벌을 통해 경각심을 높여야 한다.

10. 유튜브는 무료로 동영상을 시청할 수 있다. _____ 유튜브 댓글을 통해서 정보를 공유하고 소통할 수 있다.

ステップ4：終結語尾（한다体）を覚えよう

問51はさまざまな実用文でしたが、問52は説明文なので、文の終結語尾が「-는다/ㄴ다/다」（いわゆる 한다体）です。한다体の「-는다/ㄴ다/다」の活用や間違えやすい部分をチェックしておきましょう。

現在形	基本形	한다体
動詞 -는다/ㄴ다	먹다（食べる） 가다（行く） 만들다（作る）	먹는다 간다 만든다
形容詞 -다	어렵다（難しい） 크다（大きい） 필요하다（必要だ）	어렵다 크다 필요하다
名詞 -이다	학생이다（学生だ） 목표이다（目標だ）	학생이다 목표이다

過去形	基本形	한다体
動詞 形容詞 -었다/았다	읽다（読む） 사다（買う） 생각하다（考える） 살다（暮らす）	읽었다 샀다 생각했다 살았다
	많다（多い） 행복하다（幸せだ） 다르다（異なっている）	많았다 행복했다 달랐다
名詞 -이었다/였다	걱정이다（心配だ） 문제이다（問題だ）	걱정이었다 문제였다

未来形	基本形	한다体
動詞 形容詞 -을/ㄹ 것이다	놓다 (置く) 나타나다 (現れる) 차지하다 (占める)	놓을 것이다 나타날 것이다 차지할 것이다
	작다 (小さい) 쉽다 (簡単だ) 중요하다 (重要だ)	작을 것이다 쉬울 것이다 중요할 것이다
名詞 -일 것이다	방법이다 (方法だ) 태도이다 (態度だ)	방법일 것이다 태도일 것이다

PART 2

問題 52

否定形	基本形	한다体
動詞 -지 않는다	만들지 않다 (作らない) 보지 않다 (見ない)	만들지 않는다 보지 않는다
形容詞 -지 않다	적지 않다 (少なくない) 궁금하지 않다 (気にならない)	적지 않다 궁금하지 않다
名詞 -이/가 아니다	역할이 아니다 (役割ではない) 문제가 아니다 (問題ではない)	역할이 아니다 문제가 아니다

💡 解き方のポイント

① 不規則動詞の活用

ㄹ動詞

「ㄹ動詞」の後に「ㅅ、ㄴ、ㅂ」が続くと「ㄹ」がなくなります。

- 만들어요 (만들다 作る)　→　○만든다　×만들는다
- 살아요 (살다 暮らす)　→　○산다　×살는다
- 알아요 (알다 わかる)　→　○안다　×알는다
- 팔아요 (팔다 売る)　→　○판다　×팔는다

ㄷ動詞

「ㄷ動詞」の後に母音が続くと「ㄷ」パッチムが「ㄹ」パッチムに変わり

57

ます。しかし、한다体「-는다/ㄴ다/다」は母音で始まらないので「ㄹ」
にはなりません。

- 걸어요 (걷다 歩く)   → ○걷는다 ×걸는다
- 들어요 (듣다 聞きます) → ○듣는다 ×들는다

② 動詞か？ 形容詞か？
「필요하다」は動詞？ 形容詞？
「필요하다 (必要だ)、중요하다 (重要だ)、깨끗하다 (きれいだ)、가능하
다 (可能だ)、유명하다 (有名だ)」を動詞と勘違いする学生が多く見られ
ます。おそらく「-하다」があるからでしょうが、これらの単語は形容詞
です。活用するときは注意しましょう。

- 필요해요 → ○필요하다 ×필요한다
- 중요해요 → ○중요하다 ×중요한다

「있다」は動詞？ 形容詞？
「있다」「없다」は形容詞に分類されます。したがって、한다体は以下のよ
うになります。

- 있어요 → ○있다 ×있는다
- 없어요 → ○없다 ×없는다

※「있다」は「우리 교실에 있자 (教室にいよう)」「집에 있어라 (家にいよう)」
　のように動詞として活用されることもあるので注意が必要です。

「싶다」は動詞？ 形容詞？
「고 싶다 (~したい)」の「싶다」は形容詞で、「고 싶어하다 (~したがる)」
の「싶어하다」は動詞です。

- 싶어요   → ○싶다   ×싶는다
- 싶어해요 → ○싶어한다 ×싶어하다

練習問題

※ 다음을 단어를 보고 '–는다/ㄴ다/다'의 형태로 바꿔 써 보세요.

次の単語を「–는다/ㄴ다/다」の形に変えて書きなさい。

	–는다/ㄴ다/다		–는다/ㄴ다/다
쉬워요		싫어요	
어렵지 않아요		하면 돼요	
없어요		몰라요	
힘들어요		뛰어나요	
가지 않아요		좋아요	
나아요		달라져요	
필요해요		싫어해요	
중요해요		조사해요	
알아요		나타나요	
있어요		달라요	
바라요		생각해요	
해야 해요		느껴져요	
빨라요		좋아해요	
(돈이) 들어요		나와요	
유명해요		가능해요	
궁금해요		감사해요	

PART 2

問題 52

問52は最初の文から全体の内容を推測し、読み進めていくとよいでしょう。
重要な単語には下線を引き、特に空欄の前後の文にある接続語や重要な表現
は注意深く確認しましょう。

〈例題〉

※ 다음을 읽고 ㉠과 ㉡에 들어갈 말을 각각 한 문장으로 쓰시오.

　　사람들은 음악 치료를 할 때 환자에게 주로 밝은 분위기의 음악을 들려줄
것이라고 생각한다. 그러나 환자에게 항상 밝은 분위기의 음악을 (　㉠　).
치료 초기에는 환자가 편안한 감정을 느끼는 것이 중요하다. 그래서 환자
의 심리 상태와 비슷한 분위기의 음악을 들려준다. 그 이후에는 환자에게
다양한 음악을 들려줌으로써 환자가 다양한 감정을 (　㉡　).

〈제60회 쓰기 52번 기출문제〉

52.	㉠	
	㉡	

💡 解き方のポイント

① 答案を書くときは自分の母語で一度考えてみてから書いてみるのも一
つの方法です。

② 韓国語で文を書いた後は、主語と述語、目的語と述語、助詞と述語な
どが正しく呼応しているか、正書法に合わせて書いているかを確認します。

③ できる限り1、2級レベルの簡単な文ではなく、3、4級レベルの文で書
きましょう。

訳・解答・解説

次の文章を読んで、㋐ と ㋑ に入る言葉をそれぞれ一文で書きなさい。

> 人々は、音楽療法を行うとき、患者に主として明るい雰囲気の音楽を聞かせるものだと考える。しかし、患者に常に明るい雰囲気の音楽を（ ㋐ ）。治療の初期は患者が安らかな感情を感じることが大事である。そのため、患者の心理状態に近い雰囲気の音楽を聞かせる。その後は、患者にさまざまな雰囲気の音楽を聞かせることで、患者が多様な感情を（ ㋑ ）。

〈第60回 筆記 問52 過去問〉

| 52. | ㋐ 들려주지는 않는다（聞かせない）／들려주는 것은 아니다（聞かせるわけではない） |
| | ㋑ 느끼게 해 준다（感じるようにさせる）／느끼도록 한다（感じるようにする）／느끼게 한다（感じるようにさせる） |

㋐ まず ㋐ の前にある接続語を確認する。㋐ の前に"그러나（しかし）"があるので、空欄には前の文と反対の内容を書く。㋐ の前の文は「音楽療法を行うとき、患者に主として明るい雰囲気の音楽を聞かせるものだと考える」という内容なので、それとは反対の内容を書く。

㋑ ㋐ の後に続く文の中でキーワードとなる単語を素早くチェックする。ここでは、치료 초기（治療の初期）、느끼는 것（感じること）、그 이후（その後）が重要単語。治療の初期には患者に安らかな感情を感じさせるために、患者の状態に近い音楽を聞かせながら治療を行い、その後はさまざまな音楽を聞かせると述べている。したがって、㋑ には多様な音楽を聞かせる理由を前の文の重要単語を活用して書く。

予想問題

時間を計りながら、5分以内に問題を解く練習をしましょう。

解答・解説は別冊 p.24〜p.31 にあります。問題を解き終わったら、答え合わせをしましょう。

※ 다음 글의 ㉠과 ㉡에 알맞은 말을 각각 쓰시오.

1.   ⏳ ＿＿分 ＿＿秒

　전자책이 가지고 있는 장점은 적지 않다. 우선 (㉠). 반면에 종이책은 두꺼운 책 몇 권만 가방에 넣고 다녀도 어깨나 팔이 아프다. 그 다음으로 (㉡). 종이책은 영업 시간에 맞춰 서점에 가서 책을 구매해야 하기 때문에 시간에 구애를 받는다.

㉠	
㉡	

2.   ⏳ ＿＿分 ＿＿秒

　운동은 언제 하는 것이 우리 몸에 가장 좋을까? 아침에는 간단한 스트레칭이나 느린 속도로 걷는 것이 좋다. 그러나 아침에 (㉠). 왜냐하면 갑자기 하는 근육 운동이나 힘든 운동은 하루 종일 피곤함을 주기 때문이다. 그런데 오후 저녁 때가 되면 운동하기 적절한 컨디션으로 변한다. 따라서 (㉡).

㉠	
㉡	

62

3.

> 커피는 카페인 성분 때문에 정신을 맑게 해주는 데에 도움이 된다. 그러나 커피를 잠들기 전에 마시면 (㉠). 왜냐하면 잠자는 동안에도 뇌를 자주 각성 시키기 때문이다. 따라서 평소 수면에 어려움을 겪고 있다면 (㉡).

㉠	
㉡	

4.

> 각 나라마다 몸짓 언어를 나타내는 방식에는 차이가 있다. 윗사람에게 야단을 맞을 때 미국은 (㉠). 왜냐하면 상대방의 눈을 쳐다보지 않으면 자신의 말에 집중하지 않는다고 생각하기 때문이다. 반면에 한국은 (㉡). 상대방의 눈을 쳐다보면 윗사람의 말에 반항한다고 생각한다.

㉠	
㉡	

5.

　자기 소개서를 쓸 때 가장 중요한 것은 자신의 강점과 약점이 무엇인지 정확하게 파악하고 있어야 한다. 그런데 자기 소개서를 쓰다가 보면 스스로 어떤 역할이 주어지더라도 모든 걸 잘 해낼 수 있는 사람처럼 묘사한다. 하지만 사람이란 (　⑦　). 따라서 자기 소개서를 쓸 때는 지원자의 강점만 쓸 게 아니라 자신의 약점을 솔직하게 쓰되 (　ⓒ　).

⑦	
ⓒ	

6.

　일반적으로 성격에 영향을 미치는 요인으로 크게 두 가지가 있다. (　⑦　). 이것은 자신의 부모로부터 물려받은 것으로 평생 바뀌지 않는다. 다른 하나는 (　ⓒ　). 이는 주변 환경에 따라 성격이 달라진다. 따라서 인간은 살아가면서 선천적 요인과 후천적 요인으로 끊임없이 영향을 받기 때문에 인간이 가지고 있는 성격은 매우 다양하고 복잡하다.

⑦	
ⓒ	

7.

과거의 전화는 통화의 기능만 가지고 있었으나 지금은 정보 통신 기술이 발달함에 따라 게임, 문자, 영상 통화, 인터넷 등이 가능해지고 있다. 예를 들면 인터넷을 이용하여 (㉠). 하지만 정보 통신의 발달은 (㉡). 정보의 양이 많아지면서 원하는 정보를 찾는데 어려움이 있고 여러 유형의 사이버 범죄도 많이 늘어나고 있다.

㉠	
㉡	

8.

'싼 게 비지떡'이라는 말이 있다. 값이 싼 물건은 품질이 나쁘다는 말이다. 그래서 실제로 사람들은 (㉠). 왜냐하면 가격이 저렴한 것은 좋지 않은 재료를 사용할 것이라는 생각을 갖고 있기 때문이다. 하지만 (㉡). 값이 싼 물건 중에도 물건 값 이상의 값어치를 하는 경우가 많다.

㉠	
㉡	

9.   ⏳ ____分 ____秒

공부할 때 음악을 들으면 방해가 된다고 생각하는 사람들이 있는가 하면 (㉠). 연구 결과에 따르면 음악이 매우 시끄럽거나 가사가 있으면 공부에 방해가 된다고 한다. 반면에 가사가 있어도 음악이 조용하면 공부에 집중하는 데에 도움이 된다고 한다. 따라서 음악을 들으면서 공부할 때는 (㉡).

㉠	
㉡	

10.   ⏳ ____分 ____秒

어려운 문제를 직면했을 때 그 일을 대하는 우리의 태도는 크게 두 가지이다. 하나는 (㉠). 다른 하나는 자신이 문제를 직접 해결하기보다는 자신보다 문제 해결을 잘 할 수 있는 사람을 통해 문제를 해결하는 것이다. 그런데 연구 조사에 의하면 스스로 문제를 해결하는 사람이 성공할 가능성이 높다고 한다. 반면에 (㉡). 그러므로 무슨 일이든지 시간이 오래 걸리더라도 스스로 고민하며 문제를 풀어나가는 것이 좋다.

㉠	
㉡	

PART 3 問題 53

問題53について

問53は図表にある情報やグラフを読み取って、200〜300字（5〜6文程度）で表現する問題です。問題で提示されている情報を文章に変える練習とグラフを分析する表現を身につければ、問51、問52よりも素早くかつ簡単に解くことが可能です。配点は30点です。

過去問で傾向を把握しよう！

[53] 다음을 참고하여 '인주시의 자전거 이용자 변화'에 대한 글을 200~300자로 쓰시오. 단, 글의 제목을 쓰지 마시오.

次を参考にして「インジュ市の自転車利用者の変化」に関する文章を200〜300字で書きなさい。ただし、文章のタイトルは書かないこと。

提示されている情報は必ずすべて書かなければなりません

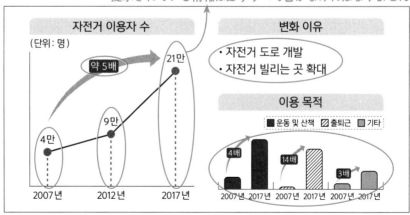

〈제60회 쓰기 53번 기출문제〉

💡 解き方のポイント

① 終結語尾は「-는다/ㄴ다/다」（いわゆる 한다体）で書かなければなりません。

② 提示されていない情報は書かず、提示されている情報は必ずすべて書かなければなりません。

③ グラフを分析するときに使う表現を含め、文章を完成させなければなりません。

④ 自分の意見で文章をまとめてはいけません。問題の図表の中に、期待、展望、理由がある場合、その内容を用いて文章を締めくくります。

※現在（2023.8）、本試験の設問文は以下のように変更されています。

다음은 '○○○'에 대한 자료이다. 이 내용을 200~300자의 글로 쓰시오. 단, 글의 제목은 쓰지 마시오.

（次は '○○○' についての資料である。この内容を200～300字の文章で書きなさい。ただし、文章のタイトルは書かないこと。）

問題形式、問われている内容に変更はありません。

ステップ1：原稿用紙の使い方

問53、問54の答案は原稿用紙タイプの解答用紙に書きます。原稿用紙の使い方を間違えても、点数に大きく影響を及ぼすわけではありません。しかし、内容がいくら良くても、分かち書きや原稿用紙の使い方を間違えてしまうと、文章の完成度も下がるため、採点者に良い印象は与えにくくなります。ここで原稿用紙の使い方を確認しておきましょう。

【原稿用紙の使い方】

① 原稿用紙は1マスに1文字ずつ書くのが原則です。

한	국	어	능	력	시	험

② 数字は1マスに2文字ずつ書きます。

20	21	년

15	.5	%

③ 段落の始まりは必ず1マス空け、コンマとピリオドの次のマスは空けません。

	결	혼	문	화	연	구	소	에	서		20	대		이	상		성	인
남	녀		30	00	명	을		대	상	으	로		'	아	이	를		꼭		낳
아	야		하	는	가	'	에		대	해		조	사	하	였	다	.	그

	남	자	는		'	자	유	로	운		생	활	을		위	해	서	'	라	고
응	하	였	다	.																

④ 英語を書く場合、大文字は1マスに1文字、小文字は1マスに2文字書きます。

	T	es	t		of		P	ro	fi	ci	en	cy		in		K	or	ea	n
	km		S	N	S														

ステップ2：グラフを分析して書く

1 2つの視点を比較する

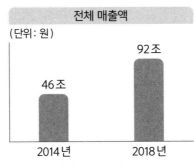

전체 매출액

（単位: 원）

92조

46조

2014년　　　　　2018년

〈제64회 쓰기 53번 기출문제〉

【書き方】

___①___ 년에 ___②___, ___③___ 년에 ___④___ 으로/로 ___⑤___ 만에(동안) ___⑥___
은/ㄴ 것으로 나타났다.

___①___ 年に ___②___ 、 ___③___ 年に ___④___ と、 ___⑤___ で（の間）___⑥___ ことが
わかった。

⑥　　약 _ 배（約 _ 倍）　　　　　증가하다（増加する）

　　　크게（大きく）　　　　　감소하다（減少する）

　　　꾸준히（着実に）　＋　늘어나다（増える）

　　　대폭（大幅に）　　　　　줄어들다（減る）

　　　소폭（小幅に、少し）

〈解答例〉

2014년에 46조 원, 2018년에 92조 원으로 4년 만에 약 2배 증가한 것으로 나
타났다.

2014年に46兆ウォン、2018年に92兆ウォンと、4年で約2倍増加したこと
がわかった。

単語　□전체 매출액 全体の売上高

1.

폐암 발생률

(단위 : 명)

31만

5만 1천

2010년　　2020년

조사 결과를 살펴보면 _____

_____

_____

_____

_____

2.

한국 대졸자 창업률

(단위 : 건)

8,200

4,000

2014년　　2018년

조사 결과를 살펴보면 _____

_____

_____

_____

_____

3.

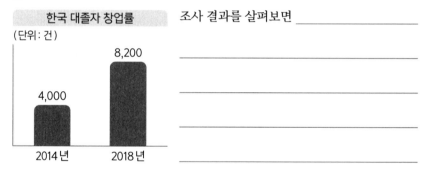

1인당 쌀 소비량

(단위 : kg)

75.8　1.2배 감소

65.0

2008년　　2017년

조사 결과를 살펴보면 _____

_____

_____

_____

_____

4.

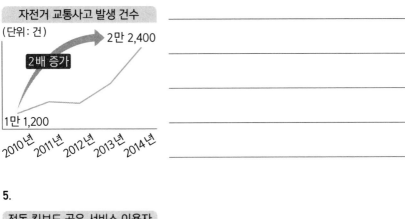

자전거 교통사고 발생 건수
(단위 : 건)
2만 2,400
2배 증가
1만 1,200

2010년　2011년　2012년　2013년　2014년

5.

전동 킥보드 공유 서비스 이용자
(단위 : 명)
214,451
사용자 수
6배 증가
37,294

2019년 4월　　2020년 3월

2 3つの視点を比較する

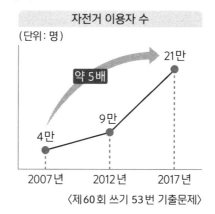

〈第60回 쓰기 53번 기출문제〉

【書き方】

〈増加／減少傾向のパターン〉

___①___ 년에 ___②___ 에서, ___③___ 년에는 ___④___ , ___⑤___ 년에는 ___⑥___ 으로/로 ___⑦___ 만에(동안) ___⑧___ 은/ㄴ 것으로 나타났다.

___①___ 年に ___②___ で、 ___③___ 年には ___④___ 、 ___⑤___ 年には___⑥___ と、 ___⑦___ で（の間）、 ___⑧___ であることがわかった。

⑧		
약 __ 배 (約__倍)		증가하다 (増加する)
크게 (大きく)		감소하다 (減少する)
꾸준히 (着実に)	**+**	상승하다 (上昇する)
지속적으로 (持続的に)		허락하다 (下落する)
대폭 (大幅に)		올라가다 (上がる)
소폭 (小幅に、少し)		떨어지다 (落ちる)

〈増→減／減→増のパターン〉

___①___ 년에 ___②___ 에서, ___③___ 년에 ___④___ 으로/로 증가하다가（減少하다가） ___⑤___ 년에는 ___⑥___ 으로/로 감소하였다（増加하였다）.

___①___ 年に ___②___ で、 ___③___ 年に ___④___ に増加し（減少し）、 ___⑤___ 年には ___⑥___ に減少した（増加した）。

〈増→減→増／減→増→減のパターン〉

　　①　년에　　②　　에서, 　　③　　년에　　④　　으로/로 증가하였다(감소하였다). 그러나　　⑤　　년에　　⑥　　으로/로 감소했다가(증가했다가)　　⑦　년에는　　⑧　　으로/로 다시 증가하였다(감소하였다).

　　①　年に　　②　　で, 　　③　　年に　　④　　に増加した（減少した）。しかし、　　⑤　　年に　　⑥　　に減少し（増加し）、　　⑦　　年には　　⑧　　に、再び増加した（減少した）。

〈解答例〉

2007 년에 4만 명에서, 2012 년에는 9만 명, 2017 년에는 21만 명으로 10 년 만에 약 5배 증가한 것으로 나타났다.

2007年に4万人で、2012年には9万人、2017年には21万人と、10年で約5倍増加したことがわかった。

単語　□자전거 이용자 수　自転車の利用者数

 練習問題

1.

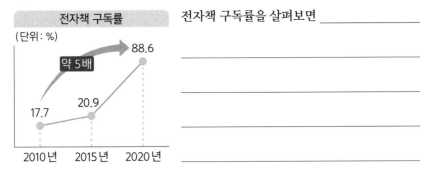

전자책 구독률

(단위: %)

약 5배

88.6

20.9

17.7

2010 년　　2015 년　　2020 년

전자책 구독률을 살펴보면 ＿＿＿＿＿＿＿＿＿

＿＿＿＿＿＿＿＿＿＿＿＿＿＿＿＿＿＿＿＿＿＿＿＿

＿＿＿＿＿＿＿＿＿＿＿＿＿＿＿＿＿＿＿＿＿＿＿＿

＿＿＿＿＿＿＿＿＿＿＿＿＿＿＿＿＿＿＿＿＿＿＿＿

＿＿＿＿＿＿＿＿＿＿＿＿＿＿＿＿＿＿＿＿＿＿＿＿

2.

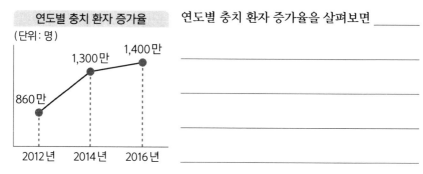

연도별 충치 환자 증가율을 살펴보면 _____

_____

_____

_____

3.

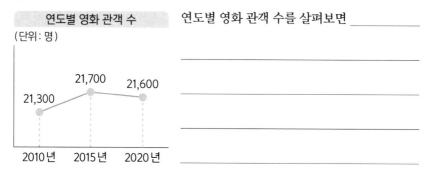

연도별 영화 관객 수를 살펴보면 _____

_____

_____

_____

_____

4.

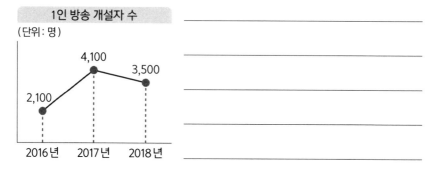

_____

_____

_____

_____

_____

5.

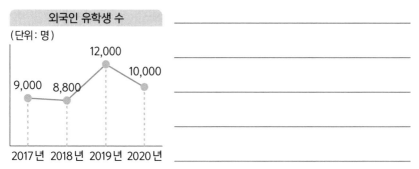

외국인 유학생 수
(단위 : 명)

12,000
10,000
9,000
8,800

2017년 2018년 2019년 2020년

_____

_____

_____

_____

_____

③ 2つの項目を比較する

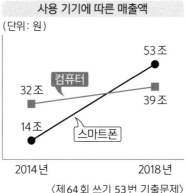

사용 기기에 따른 매출액

(단위 : 원)

53조

컴퓨터

32조

39조

14조

스마트폰

2014년 2018년

〈제64회 쓰기 53번 기출문제〉

【書き方】

項目1의 경우 ___①___ 년에 ___②___ , ___③___ 년에 ___④___ 으로/로 소폭(크게,
대폭, 지속적으로) 증가한(감소한) 반면 **項目2**은/는 ___⑤___ 년에 ___⑥___ ,
___⑦___ 년에 ___⑧___ 으로/로 대폭(소폭, 다소) 증가하였다(감소하였다).

項目1の場合、 ___①___ 年に ___②___ 、 ___③___ 年に ___④___ と、少し（大きく、
大幅に、持続的に）増加した（減少した）一方、項目2は ___⑤___ 年に ___⑥___ 、
___⑦___ 年に ___⑧___ と、大幅に（少し、多少）増加した（減少した）。

〈解答例〉

컴퓨터의 경우 2014년에 32조 원, 2018년에 39조 원으로 소폭 증가한 반면 스
마트폰은 2014년에 14조 원, 2018년에 53조 원으로 대폭 증가하였다.

パソコンの場合、2014年に32兆ウォン、2018年に39兆ウォンと少し増加
した一方、スマートフォンは2014年に14兆ウォン、2018年に53兆ウォン
と大幅に増加した。

単語 □사용 기기에 따른 매출액 使用機器ごとの売上高

練習問題

1.

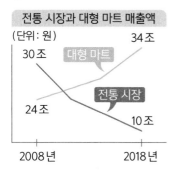

전통 시장과 대형 마트 매출액
(단위 : 원)

대형 마트
30조
34조

전통 시장
24조
10조

2008년　　　　　2018년

전통 시장과 대형 마트 매출액을 살펴보면 ___

_____

_____

_____

_____

2.

소비자들이 선호하는 결제 수단
(단위 : %)

63
현금
55

카드
44

33

2013년 2014년 2015년 2016년

소비자들이 선호하는 결제 수단을 살펴보면 ___

_____

_____

_____

_____

3.

SNS 이용률
(단위 : %)

81
70.8
인스타

51.8
페이스북
40.5

2015년　　　　　2020년

SNS 이용률을 살펴보면 _____

_____

_____

_____

_____

4.

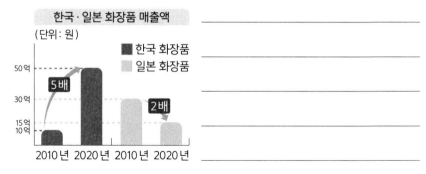

한국·일본 화장품 매출액
(단위 : 원)

한국 화장품
일본 화장품

50억
30억
15억
10억

5배

2배

2010년 2020년 2010년 2020년

_____

_____

_____

_____

_____

5.

국산차·수입차 판매율
(단위 : %)

국산차
수입차

80
72
55

22

2015년 2020년 2015년 2020년

_____

_____

_____

_____

_____

4 ある期間において複数の項目を比較する

〈제60회 쓰기 53번 기출문제〉

【書き方】

___①___ 을/를 살펴보면 ___②___ 간 **項目1**은/는 ___③___ , **項目2**은/는 ___④___ , **項目3**은/는 ___⑤___ 늘어난(줄어든) 것으로 나타났으며 **項目○○**이/가 가장 높은(낮은) 증가율(감소율)을 보였다.

___①___ を見ると、___②___ 間で**項目1**は ___③___ 、項目2は ___④___ 、項目3は ___⑤___ 増えた（減った）ことがわかり、**項目○○**が最も高い（低い）増加率（減少率）を示した。

〈解答例〉

이용 목적을 살펴보면 **10년간 운동 및 산책**은 **4배**, **출퇴근**은 **14배**, **기타**는 **3배** 늘어난 것으로 나타났으며 **출퇴근**이 가장 높은 증가율을 보였다.

利用目的を見ると、**10年間**で**運動および散歩**は**4倍**、**通勤**は**14倍**、**その他**は**3倍**増えたことがわかり、**通勤**が最も高い増加率を示した。

単語　□**이용 목적** 利用目的

81

練習問題

1.

과일 소비량

사과　■ 배　■ 감귤

2.3배

1.2배　　1.3배

2015년 2019년　2015년 2019년　2015년 2019년

과일 소비량을 살펴보면 _____

_____

_____

_____

_____

2.

대중교통 이용률

버스　■ 지하철　■ 택시

2배

3배

1.4배

2010년 2020년　2010년 2020년　2010년 2020년

대중교통 이용률을 살펴보면 _____

_____

_____

_____

_____

3.

지역별 평균 온도 상승률

서울　■ 충청　■ 제주

3.2℃

1℃　　　5.2℃

2010년 2019년　2010년 2019년　2010년 2019년

지역별 평균 온도 상승률을 살펴보면

_____

_____

_____

_____

4.

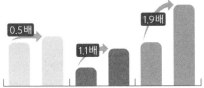

국내 공항별 승객 이용률

김포 공항　김해 공항　제주 공항

0.5배　1.1배　1.9배

2015년　2019년　2015년　2019년　2015년　2019년

_____

_____

_____

_____

_____

5.

기업별 스마트폰 점유율

삼성전자　애플　화웨이

1.29배　1.04배　1.72배

2014년　2018년　2014년　2018년　2014년　2018년

_____

_____

_____

_____

⑤ 調査機関、調査対象について書く

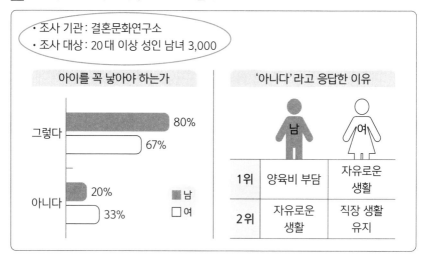

・조사 기관: 결혼문화연구소
・조사 대상: 20대 이상 성인 남녀 3,000

아이를 꼭 낳아야 하는가

- 그렇다: 80% (남), 67% (여)
- 아니다: 20% (남), 33% (여)
  - ■ 남
  - □ 여

'아니다'라고 응답한 이유

	남	여
1위	양육비 부담	자유로운 생활
2위	자유로운 생활	직장 생활 유지

〈제52회 쓰기 53번 기출문제〉

【書き方】

調査機関에서 調査対象을/를 대상으로 調査内容에 대해 조사하였다.

調査機関で調査対象を対象に調査内容について調査した。

〈解答例〉

결혼문화연구소에서 20대 이상 성인 남녀 3,000명을 대상으로 '아이를 꼭 낳아야 하는가'에 대해 조사하였다.

結婚文化研究所で20代以上の成人男女3,000人を対象に「子供を必ず産まなければならないか」について調査した。

単語　□조사 기관 調査機関　□조사 대상 調査対象
　　　□응답한 이유 回答した理由　□양육비 子育て費用（養育費）
　　　□자유로운 생활 自由な生活　□직장 생활 職場の環境
　　　□유지 維持

84

練習問題

1.

> 자원봉사를 하겠는가?

- 조사 기관 : 행정안전부
- 조사 대상 : 2~30대 남녀 100명

_____

_____

_____

2.

> 선호하는 기업은?

- 조사 기관 : 고용부
- 조사 대상 : 20세 이상 남녀 500명

_____

_____

_____

3.

> 자기 계발을 하고 있는가?

- 조사 기관 : 통계청
- 조사 대상 : 20세 이상 남녀 500명

_____

_____

_____

4.

> 아침을 챙겨 먹는가?

- 조사 기관 : 한국캘럽연구소
- 조사 대상 : 남녀 1,000명

_____

_____

_____

5.

> 육아 휴직을 사용해 본 적이 있는가?

- 조사 기관 : 행정안전부
- 조사 대상 : 기혼 남녀 300명

_____

_____

_____

調査項目の回答内容を分析する

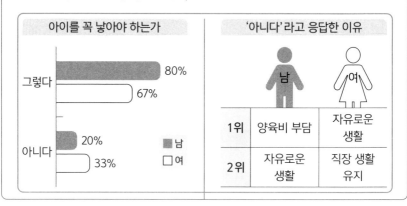

- 조사 기관 : 결혼문화연구소
- 조사 대상 : 20대 이상 성인 남녀 3,000

아이를 꼭 낳아야 하는가		'아니다'라고 응답한 이유	

아이를 꼭 낳아야 하는가

그렇다 80% / 67%
아니다 20% / 33%
■ 남 □ 여

'아니다'라고 응답한 이유

	남	여
1위	양육비 부담	자유로운 생활
2위	자유로운 생활	직장 생활 유지

〈제52회 쓰기 53번 기출문제〉

【書き方】

그 결과 '그렇다'라고 응답한 <u>調査対象①</u>는 ○○%, <u>調査対象②</u>는 ○○% 였다. '아니다'라고 응답한 <u>調査対象①</u>는 ○○%, <u>調査対象②</u>는 ○○%였다. '아니다'라고 응답한 이유에 대해 <u>調査対象①</u>는 <u>理由（1位）</u>, <u>調査対象②</u> 는 <u>理由（1位）</u>라고 응답한 경우가 가장 많았다. 이어 <u>調査対象①</u>는 <u>理由 （2位）</u>, <u>調査対象②</u>는 <u>理由（2位）</u>라고 응답하였다.

その結果、「はい」と回答した<u>調査対象①</u>は○○%、<u>調査対象②</u>は○○%だった。「いいえ」と回答した<u>調査対象①</u>は○○%、<u>調査対象②</u>は○○%だった。「いいえ」と回答した理由について、<u>調査対象①</u>は<u>理由（1位）</u>、<u>調査対象②</u>は<u>理由（1位）</u>だと回答したケースが最も多かった。次いで、<u>調査対象①</u>は<u>理由（2位）</u>、<u>調査対象②</u>は<u>理由（2位）</u>だと回答した。

〈解答例〉

그 결과 '그렇다'라고 응답한 **남자는 80%, 여자는 67%**였다. '아니다'라고 응답한 **남자는 20%, 여자는 33%**였다. '아니다'라고 응답한 이유에 대해 **남자는 '양육비가 부담이 되어서', 여자는 '자유로운 생활을 위해서'**라고 응답한 경우가 가장 많았다. 이어 **남자는 '자유로운 생활을 위해서', 여자는 '직장 생활을 유지하기 위해서'**라고 응답하였다.

その結果、「はい」と答えた**男性は80%、女性は67%**だった。「いいえ」と回答した**男性は20%、女性は33%**だった。「いいえ」と回答した理由について、**男性は「子育て費用が負担になるから」、女性は「自由な生活のため」**と回答したケースが最も多かった。次いで、**男性は「自由な生活のため」、女性は「仕事を続けるため」**と回答した。

1.

 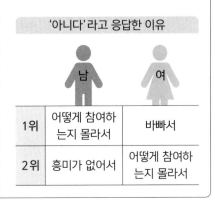

- 조사 기관: 행정안전부
- 조사 대상: 2~30대 남녀 100명

자원봉사를 하겠는가?

그렇다 79% / 69%

아니다 20% / 35%

■ 남
■ 여

'아니다'라고 응답한 이유

	남	여
1위	어떻게 참여하는지 몰라서	바빠서
2위	흥미가 없어서	어떻게 참여하는지 몰라서

그 결과 _____

_____

_____

PART 3

問題
53

練習問題

87

2.

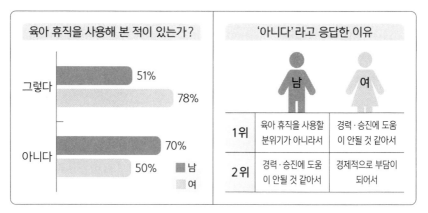

그 결과 _____

_____

_____

3.

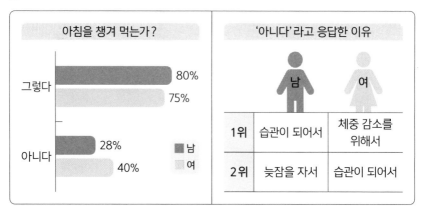

그 결과 _____

_____

_____

4.

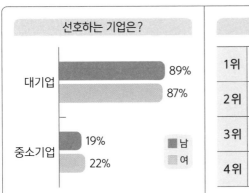

선호하는 기업은?		대기업을 선호하는 이유	
대기업	89% (남) 87% (여)	1위	높은 연봉
		2위	사내 복지 시설
중소기업	19% (남) 22% (여)	3위	기업 이미지
		4위	성장 가능성

그 결과 _____

_____

_____

5.

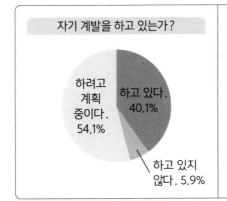

자기 계발을 하고 있는가?		자기 계발을 하는 이유	
하려고 계획 중이다. 54.1%	하고 있다. 40.1%	1위	자기 발전
		2위	개인적인 자기 만족
하고 있지 않다. 5.9%		3위	이직 준비
		4위	스트레스 해소

그 결과 _____

_____

_____

7 理由に関する内容について書く

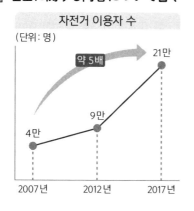

자전거 이용자 수

(단위: 명)

약 5배

21만

9만

4만

2007년　　　2012년　　　2017년

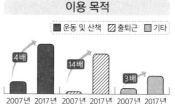

변화 이유

· 자전거 도로 개발
· 자전거 빌리는 곳 확대

이용 목적

■ 운동 및 산책　▨ 출퇴근　□ 기타

4배　　　14배　　　3배

2007년 2017년　2007년 2017년　2007년 2017년

〈제60회 쓰기 53번 기출문제〉

【書き方】

이와 같이 변화한 이유는 <u>理由①</u>, <u>理由②</u>기 때문인 것으로 보인다.

　　　　　　　　　　　　　기 때문이다.

このように変化した<u>理由①</u>、<u>理由②</u>であるためだと思われる。

　　　　　　　　　　であるためだ。

이러한 증가의 원인은 다음과 같다. 첫째, <u>理由①</u>. 둘째, <u>理由②</u>.

このような増加の原因は次のようである。第一に、<u>理由①</u>。第二に、<u>理由②</u>。

〈解答例〉

· 이와 같이 변화한 이유는 **자전거 도로가 개발되고, 자전거를 빌리는 곳이 확대되었**기 때문인 것으로 보인다.

このように変化した理由は、自転車道が開発され、自転車を貸出する場所が拡大（増加）したためだと思われる。

· 이러한 증가의 원인은 다음과 같다. 첫째, **자전거 도로가 개발되면서 자전거를 이용하는 사람이 늘었다.** 둘째, **자전거 빌리는 곳이 확대되면서 자전거 이용자 수가 증가하는 데 영향을 주었**기 때문이다.

この増加の原因は次の通りである。第一に、自転車道が開発され、自転車を利用する人が増えた。第二に、自転車を貸出する場所が拡大（増加）し、自転車の利用者数の増加に影響を与えたためだ。

練習問題

1.

영어 사교육 증가 원인

- 다양한 교류의 기회가 많음
- 취업에 유리함

이와 같이 증가한 원인은 ＿＿＿＿＿＿＿＿

＿＿＿＿＿＿＿＿＿＿＿＿＿＿＿＿＿＿

＿＿＿＿＿＿＿＿＿＿＿＿＿＿＿＿＿＿

2.

청소년 자살 급증 원인

- 성적 스트레스
- 학교 내 따돌림

이와 같이 급증한 원인은 ＿＿＿＿＿＿＿＿

＿＿＿＿＿＿＿＿＿＿＿＿＿＿＿＿＿＿

＿＿＿＿＿＿＿＿＿＿＿＿＿＿＿＿＿＿

3.

외국인 관광객 재방문 감소 이유

- 외국인 관광객에게 바가지 요금
- 불친절한 태도

＿＿＿＿＿＿＿＿＿＿＿＿＿＿＿＿＿＿

＿＿＿＿＿＿＿＿＿＿＿＿＿＿＿＿＿＿

＿＿＿＿＿＿＿＿＿＿＿＿＿＿＿＿＿＿

4.

고독사 증가 이유

- 가족이나 이웃과의 교류 단절
- 경제적인 어려움

＿＿＿＿＿＿＿＿＿＿＿＿＿＿＿＿＿＿

＿＿＿＿＿＿＿＿＿＿＿＿＿＿＿＿＿＿

＿＿＿＿＿＿＿＿＿＿＿＿＿＿＿＿＿＿

5.

극장 관객 수 감소 원인

- 극장 이외의 다양한 플랫폼 증가
- 영화 이외의 다양한 여가 활동

＿＿＿＿＿＿＿＿＿＿＿＿＿＿＿＿＿＿

＿＿＿＿＿＿＿＿＿＿＿＿＿＿＿＿＿＿

＿＿＿＿＿＿＿＿＿＿＿＿＿＿＿＿＿＿

8 期待（展望）に関する内容について書く

외국인 유학생 현황

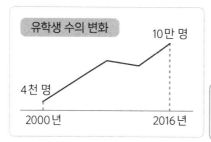

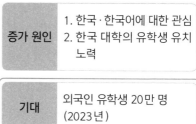

증가 원인	1. 한국·한국어에 대한 관심 2. 한국 대학의 유학생 유치 노력
기대	외국인 유학생 20만 명 (2023년)

〈제47회 쓰기 53번 기출문제〉

【書き方】

이러한 영향이 계속된다면 ……을/ㄹ 것으로 기대된다(전망된다).

このような影響が続けば、……することが期待される（見込まれる）。

〈解答例〉

이러한 영향이 계속된다면 2023년에는 외국인 유학생이 20만 명에 이를 것으로 기대된다(전망된다).

このような影響が続けば、2023年には外国人留学生が20万人に達することが期待される（見込まれる）。

単語 □외국인 유학생 현황 外国人留学生の現状 □증가 원인 増加の原因 □기대 期待

 練習問題

1.

전망	1인 가구 810만 가구 (2045년)

2.

기대	전기차 보급 250,000대 (2055년)

_____

_____

_____

3.

기대	재활용 산업 시장 40조 원 (2030년)

_____

_____

_____

4.

전망	남성 육아 휴직자 5만 명 (2035년)

_____

_____

_____

5.

전망	온라인 쇼핑 매출액 56.2% (2024년)

_____

_____

_____

問53は原稿用紙に答えを書かなければなりません。問題を見てすぐに書き始めず、まずはどのような順序で書くかを決め、使う表現をメモしてから文章を書くとよいでしょう。

〈例題〉

53. 다음을 참고하여 '온라인 쇼핑 시장의 변화'에 대한 글을 200~300자로 쓰시오. 단, 글의 제목을 쓰지 마시오. (30점)

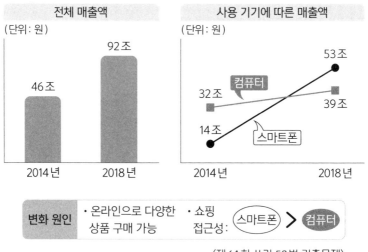

〈제64회 쓰기 52번 기출문제〉

 解き方のポイント

① グラフに数値として出ている年度や比率などをすべて書いているか確認しましょう。

② 数値は単位（%、人、ウォンなど）を必ず書きましょう。

③ 増加（減少）などの表現を使うときの助詞を正確に書きましょう。

④ 原稿用紙のマスを無視して書くと減点になりますので、気を付けましょう。

訳・解答・解説

53. 次を参考にして「オンラインショッピング市場の変化」に関する文章を
200〜300字で書きなさい。ただし、文章のタイトルは書かないこと。
（30点）

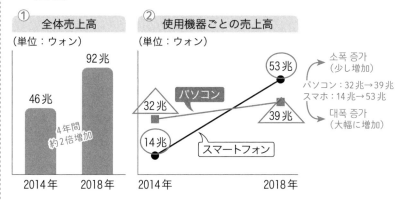

〈第64回 筆記 問52 過去問〉

 解き方

1. ①〜③を確認して書く順番を決める

2. ①のグラフに、「何年間」「どれぐらい」などの数値を簡単にメモする

3. ②のグラフに、各項目に関する数値に○や△の印を付けた後、使用する
表現をメモする

4. ③の近くに、文章にするときに使う表現、助詞などをメモする

온	라	인		쇼	핑		시	장	의		변	화	에		대	해		조
사	한		결	과	①	온	라	인		쇼	핑		시	장	의		전	체
매	출	액	은		20	14	년		46	조		원	,		20	18	년	에	92
조		원	으	로		4	년		만	에		크	게		증	가	한		것

으	로		나	타	났	다	.	사	용		기	기	에		따	른		매	출
액	은		컴	퓨	터	의		경	우		20	14	년	에		32	조		원	,
20	18	년	에		39	조		원	으	로		소	폭		증	가	한		반
면	,		스	마	트	폰	은		20	14	년	에		14	조		원	,	20	18
년	에		53	조		원	으	로		매	출	액	이		큰		폭	으	로
증	가	하	였	다	.	이	와		같	이		온	라	인		쇼	핑		시
장	이		변	화	한		원	인	은		온	라	인	으	로		다	양	한
상	품		구	매	가		가	능	해	졌	고		스	마	트	폰	이		컴
퓨	터	에		비	해		쇼	핑		접	근	성	이		높	아	졌	기
때	문	이	다	.														

オンラインショッピング市場の変化について調査した結果、¹オンライン
ショッピング市場の全体の売上高は2014年46兆ウォン、2018年92兆ウォ
ンと、4年で大きく増加したことがわかった。²使用機器ごとの売上高は、
パソコンの場合、2014年に32兆ウォン、2018年に39兆ウォンと少し増加
した一方で、スマートフォンは2014年に14兆ウォン、2018年に53兆ウォ
ンと売上高が大幅に増加した。³このようにオンラインショッピング市場
が変化した原因は、オンラインで多様な商品の購入が可能になったり、ス
マートフォンがパソコンに比べてショッピングのしやすさが向上したりし
たためである。

予想問題

1. 다음을 참고하여 '폐암 발생률'에 대한 글을 200~300자로 쓰시오.

⌛ ____分 ____秒

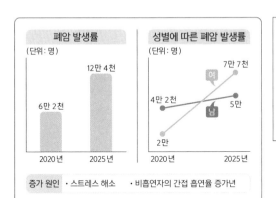

폐암 발생률
(단위: 명)

6만 2천 (2020년)
12만 4천 (2025년)

성별에 따른 폐암 발생률
(단위: 명)

여: 7만 7천
4만 2천
남: 5만
2만
2020년 / 2025년

쓸 순서: 폐암 발생률
→ 성별에 따른
폐암 발생률
→ 원인

표현: 2배 소폭(대폭) 증가하다 /
- 기 때문인 것으로 보이다

증가 원인 • 스트레스 해소 • 비흡연자의 간접 흡연율 증가년

2. 다음을 참고하여 '전동 킥보드 사고 현황'에 대한 글을 200~300자로 쓰시오.

⌛ ____分 ____秒

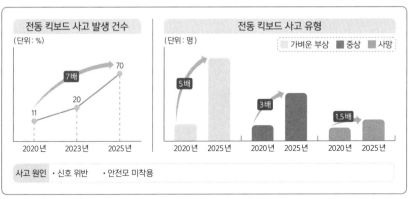

전동 킥보드 사고 발생 건수
(단위: %)

11 (2020년)
20 (2023년) / 7배
70 (2025년)

전동 킥보드 사고 유형
(단위: 명)

가벼운 부상 / 중상 / 사망

5배 (2020년 → 2025년)
3배 (2020년 → 2025년)
1.5배 (2020년 → 2025년)

사고 원인 • 신호 위반 • 안전모 미착용

쓸 순서: 전동 킥보드 사고 발생 건수 → 전동 킥보드 사고 유형 → 원인

표현: 7배 증가하다(늘어나다) / 가장 높은 증가율을 보이다 / - 기 때문이다

3. 다음을 참고하여 '성인 독서율'에 대한 글을 200~300자로 쓰시오.

⏳ ____分 ____秒

- 조사 기관 : 통계청
- 조사 대상 : 20세 이상 남녀 500명

성인 독서율
(단위 : %)

81

50

17.7

2010년 2015년 2020년

종이책, 전자책의 이용률
(단위 : %)

70.5

68

50.5

종이책

39.5

20

전자책

18.5

2010년 2015년 2020년

종이책을 선호하는 이유 · 보기가 편리함   · 전자책보다 더 친숙함

쓸 순서 : 연간 독서율
→ 종이책, 전자책
이용률
→ 이유

표현 : 4배 증가하다 /
감소하다가 ~ 증가하다

4. 다음을 참고하여 '한국에 재방문하겠는가'에 대한 글을 200~300자로 쓰시오.

⏳ ____分 ____秒

- 조사 기관 : 한국관광공사
- 조사 대상 : 외국인 500명

한국에 재방문 하겠는가?

그렇다
51%
70%

아니다
79%
61%   ■ 남
□ 여

'아니다' 라고 응답한 이유

	남	여
1위	쇼핑 이외에 할 것이 없어서	비싸고 불친절해서
2위	언어 소통이 힘들어서	쇼핑 이외에 할 것이 없어서

쓸 순서 : _____ → _____ → _____

표현 : _____

5. 다음을 참고하여 '운동 습관'에 대한 글을 200~300자로 쓰시오.

⧖ ____分 ____秒

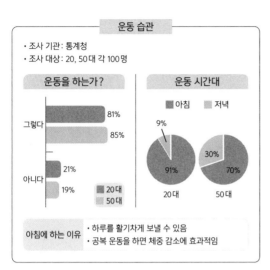

쓸 순서: _____
→ _____
→ _____

표현: _____
_____
_____
_____

6. 다음을 참고하여 '국내 화장품 시장 변화'에 대한 글을 200~300자로 쓰시오.

⧖ ____分 ____秒

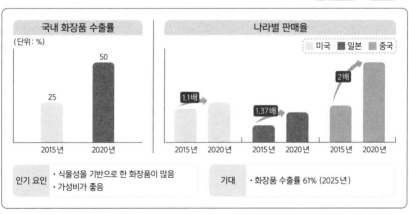

쓸 순서: _____ → _____ → _____

표현: _____

7. 다음을 참고하여 '지구의 기온 변화'에 대한 글을 200~300자로 쓰시오.

⏳ ____ 分 ____ 秒

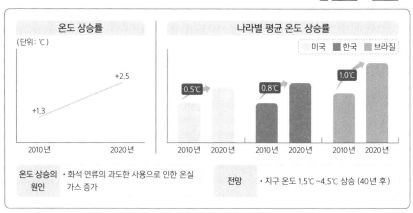

쓸 순서: _____ → _____ → _____

표현: _____

8. 다음을 참고하여 '배달 이용도'에 대한 글을 200~300자로 쓰시오.

⏳ ____ 分 ____ 秒

• 조사 기관 : 한국리얼미터
• 조사 대상 : 남녀 100명

배달 이용도
(단위 : %)

92
46

2014년   2020년

배달 시 사용하는 매체
(단위 : %)

전화
65.1
48.5
앱
39.6
24.9

2014년   2020년

변화 원인
• 앱 이용시 검색, 주문 결제 모두 한 번에 가능함
• 앱 이용시 쿠폰, 가격 할인 혜택이 더 많음

쓸 순서: _____
→ _____
→ _____

표현: _____
_____
_____
_____

9. 다음을 참고하여 '다이어트를 해야 하는가'에 대한 글을 200~300자로 쓰시오.   ⧗ ____分 ____秒

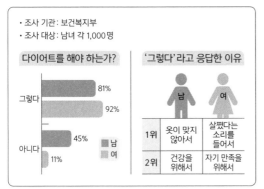

| 쓸 순서 : _____ |
| → _____ |
| → _____ |
| |
| 표현 : _____ |
| _____ |
| _____ |
| _____ |

10. 다음을 참고하여 '온라인 수업에 만족하는가'에 대한 글을 200~300자로 쓰시오.   ⧗ ____分 ____秒

- 조사 기관: 교육청
- 조사 대상: 교사, 학생 각 100명

온라인 수업에 만족하는가?

그렇다 60% (교사)
20% (학생)

아니다 40% (교사)
80% (학생)

'아니다'라고 응답한 이유

	교사	학생
1위	인터넷이 자주 끊긴다	집중하기가 힘들다
2위	과제 활동 하기가 힘들다	질문하기가 힘들다

| 쓸 순서 : _____ |
| → _____ |
| → _____ |
| |
| 표현 : _____ |
| _____ |
| _____ |
| _____ |

PART 4 問題 54

問題54について

問54は長文の作文です。問題で要求されていることをきちんと把握し、自分の見解を600～700字で書かなければなりません。提示された2～3つの質問に関する内容についてすべて言及しなければならないため、アウトラインを作る必要があります。アウトラインを作らずにすぐに書き始めると、問題の意図から外れた答案を書いてしまいます。より体系的で論理的な文章を書くためには、与えられた質問に対する意見とそれを裏付ける内容などを考え、4～5分でアウトラインを作り、それを土台として25分で序論－本論－結論を作成するとよいでしょう。配点は50点です。

過去問で傾向を把握しよう！

※ [54] 다음을 주제로 하여 자신의 생각을 600~700자로 글을 쓰십시오.
　　단, 문제를 그대로 옮겨 쓰지 마시오.

次のテーマで、あなたの考えを600～700字で書きなさい。ただし、問題文をそのまま書き写さないこと。

현대 사회는 빠르게 세계화·전문화되고 있습니다. 이러한 현대 사회의 특성을 참고하여, '현대 사회에서 필요한 인재'에 대해 아래의 내용을 중심으로 자신의 생각을 쓰십시오.

・현대 사회에서 필요한 인재는 어떤 사람입니까?

・그러한 인재가 되기 위해서 어떤 노력이 필요합니까?

〈제37회 쓰기 54번 기출문제〉

現代社会は急速にグローバル化・専門化が進んでいます。このような現代社会の特性を参考にして、「現代社会で必要な人材」について、以下の内容を中心にあなたの考えを書きなさい。

・現代社会で必要な人材はどんな人ですか？

・そのような人材になるためにはどのような努力が必要ですか？

〈第37回 筆記 問54 過去問〉

💡 解き方のポイント

① 終結語尾は「-는다/ㄴ다/다」で書かなければなりません。

  （例）× 가요（行きます）、합니다（します）

     ○ 간다（行く）、한다（する）

② 序論－本論－結論の構成で書きましょう。

③ 問題で指示されていることはすべて書かなければなりません。

④ 指示文に出ている表現をそのまま使うのは避けましょう。

⑤ 口語的な表現は使ってはいけません。

  （例）× 너무（とても）、완전（完全に）、-을/ㄹ 거다（～をするぞ）、

     -이랑/랑（～と）

     ○ 매우（とても）、-을/ㄹ 것이다（～をするだろう）、-과/와（～と）

⑥ 略語は使ってはいけません。

  （例）× 근데（ところで）、-는/은/ㄴ 게(걸)（～するのが（～するの
     を））

     ○ 그런데（ところで）、-는/은/ㄴ 것이(것을)（～するのが（～
     するのを））

⑦ 同じ接続語や表現を繰り返さないようにしましょう。

⑧ 主語「나」は使用せず、省略しましょう。

⑨ -을/ㄹ 것 같다（～のようだ）などの推測の表現は避けましょう。

PART 4

問題54

※現在（2023.8）、本試験の設問文は以下のように変更されています。

  다음을 참고하여 600～700자로 글을 쓰시오. 단, 문제를 그대로 옮겨 쓰지
  마시오.

  （次を参考にして、600～700字で文章を書きなさい。ただし、問題文をそ
  のまま書き写さないこと。）

  問題形式、問われている内容に変更はありません。

NG例でポイントを確認しよう！

例①

✔ 主語「나」を省略して書いたほうがよい

저는 세계화가 된 이 사회에서는 높은 언어 능력이 있고 다른 사람을 이해할 마음이 있는 인재가 필요하다고 생각합니다. 2020년 일본에서 도쿄 올림픽을 열리기 때문에 일본에서도 조금씩 외국인이 많아지고 있어 차근차근 세계화가 되고 있습니다. 이런 사회에서 필요한 인재는 다른 문화를 가지는 사람을 이해할 수 있는 사람이라고 생각합니다. 게다가 외국 사람과 대화 하려면 역시 외국어, 특히 영어를 할 수 있어야 통할 수 있다고 생각합니다. 일본 같은 경우에는 아직 초중학교에서의 외국어 교육이 부족한 것 같습니다. 개인적인 노력도 필요하지만 앞으로 세계화가 된 세상에서 외국어를 가르치는 기회를 더 많이 줘야 한다고 생각합니다.

그러나 언어 능력을 노력한 만큼 실력이 늘 수 있겠지만 이해하는 마음과 받아주는 마음은 쉽게 습득할 수 있는 것이 아니라고 생각합니다. 그럼 마음을 가지기 위해서 우선 주변에 있는 가족과 친구들을 소중하게 생각하고 감사할 마음을 잊어버리지 않도록 지내야 한다고 생각합니다.

（全体）
- ✔ 段落の構成ができていない
- ✔ 序論、結論がない
- ✔ 全部で488文字のため、文字数が不足している

✔ 終結語尾は「-는다/ㄴ다/다」を使わなければならない

✔ 「-는/은/ㄴ 것 같다（〜のようだ）」などの推測の表現は避けたほうがよい

✔「-는다고/ㄴ다고/다고 생각하다（〜だと思う）」という表現を繰り返し使うことは避けたほうがよい

106

例②

	현	대	사	회	는		세	계	화	·	전	문	화	가		되	고		있
는		가	운	데		사	회	가		필	요	하	는		인	재	도		첨
첨	변	하	고		있	다	.		먼	저		세	계	화	를		적	용	하
려	면		최	소	한		외	국	어	는		하	나	를		능	숙	하	게
할		수		있	어	야		사	회	의		발	전	을		따	를		수
있	다	고		본	다	.		그	렇	게		되	려	면		스	스	로		다
른		언	어	를		공	부	하	든	가		학	원	을		다	니	든	가
시	간	을		더		내	서	야	만		가	능	한		일	이	다	.	그
리	고		전	문	화	가		되	고		있	는		사	회	에	서		살
아	남	으	려	면		자	기	자	신	이		일	하	는		영	역	의
지	식	을		확	실	히		습	득	하	고		파	악	해	야		한	다	.
그	럼		대	학	교		때	부	터		공	부	를		열	심	히		할
수		밖	에		없	다	.	그	뿐	만		아	니	라		사	회	에
들	어	가	면		늘		겸	손	하	게		선	배	들	에	게		여	쭤
봐	야		한	다	.	그	리	고		좋	은		인	재	로	서		기	본
적	인		것	을		지	켜	야		한	다	.	먼	저		인	내	심	을
키	워	야		한	다	.	성	공	을		급	하	게		이	루	어	야	겠
다	는		초	조	감	을		버	리	고		늘		성	실	하	게		일
을		해	야		한	다	.	두	번	째	는		상	사	에	게	도		동
료	에	게	도		믿	음	직	스	러	운		사	람	이		되	어	야
한	다	.	평	소	에		잡	은		약	속	도		최	대	한		지	키
고		맡	은		일	도		잘		완	성	하	도	록		노	력	해	야
한	다	.	세	번	째	는		사	람	이		자	신	감	이		있	었	으
면		좋	겠	다	.	신	의		가	치	를		인	정	해	주	고		잠
재	력	을		발	견	하	여		뾰	족	한		사	람	보	다		부	드
러	운		사	람	이		되	었	으	면		한	다	.	마	지	막	으	로
사	회	가		늘		빠	르	게		편	하	다	는		것	을		잊	지
말	고		항	상		준	비	되	어		있	는		상	태	로		기	회
를		잡	아	야		한	다	.											

（全体）

✔ 段落の構成が
できていない

✔ 序論、結論が
ない

✔ 全部で569文
字のため、文
字数が不足し
ている

✔ 不自然な表現
や文法に合わ
ない文が多い

✔ 質問のテーマ
と関係のない
不要な内容が
多く含まれて
いる

ステップ1：問題タイプを把握する

問54の問題タイプは大きく3つに分けることができます。1つ目は「社会的な問題になっている現象に関するもので、その現象の重要性、必要性について述べる」タイプです。2つ目は「ある現象に関して、肯定的・否定的な面を書き、その現象の解決方法や方向性について述べる」タイプです。3つ目は「賛成と反対の意見があるテーマで、賛否両方の立場についてそれぞれ書いた上で、自分の立場を述べる」タイプです。

タイプ1 _____이/가 미치는 영향（〜が及ぼす影響）

> **過去問で出たテーマ**
> ・第35回　経済的余裕が幸せに与える影響
> ・第36回　動機が仕事に及ぼす影響
> ・第47回　称賛が人に与える影響

〈例題〉

※ [54] 다음을 주제로 하여 자신의 생각을 600~700자로 글을 쓰십시오. 단, 문제를 그대로 옮겨 쓰지 마십시오. (50점)

次のテーマで、あなたの考えを600〜700字で書きなさい。ただし、問題文をそのまま書き写さないこと。(50点)

> '칭찬은 고래도 춤추게 한다'는 말처럼 칭찬에는 강한 힘이 있습니다. 그러나 칭찬이 항상 긍정적인 영향을 주는 것은 아닙니다. 아래의 내용을 중심으로 칭찬에 대한 자신의 생각을 쓰십시오.
>
> ・칭찬이 미치는 긍정적인 영향은 무엇입니까? → **序論**
> ・부정적인 영향은 무엇입니까? → **本論**
> ・효과적인 칭찬의 방법은 무엇입니까? → **結論**

〈제47회 쓰기 54번 기출문제〉

「称賛はクジラも踊らせる」という言葉のように、称賛には強い力があります。しかし、称賛が常に肯定的な影響を与えるわけではありません。以下の内容を中心に称賛に対するあなたの考えを書きなさい。

・称賛が及ぼす肯定的な影響は何ですか？

・否定的な影響は何ですか？

・効果的な称賛の方法は何ですか？

〈第47回 筆記 問54 過去問〉

タイプ2 _____의 중요성/필요성 （〜の重要性／必要性）

過去問で出たテーマ

・第37回 現代社会において必要な人材

・第41回 歴史の重要性

・第52回 コミュニケーションの重要性

・第64回 青少年期の重要性

〈例題〉

※ **[54] 다음을 주제로 하여 자신의 생각을 600~700자로 글을 쓰십시오. 단, 문제를 그대로 옮겨 쓰지 마십시오. (50점)**

次のテーマで、あなたの考えを600〜700字で書きなさい。ただし、問題文をそのまま書き写さないこと。（50点）

> 우리는 살면서 서로의 생각이 달라 갈등을 겪는 경우가 많다. 이러한 갈등은 의사소통이 부족해서 생기는 경우가 대부분이다. 의사소통은 서로의 관계를 유지하고 발전시키는 데 중요한 요인이 된다. '의사소통의 중요성과 방법'에 대해 아래의 내용을 중심으로 자신의 생각을 쓰라.
>
> ・의사소통은 왜 중요한가? → **序論**
> ・의사소통이 잘 이루어지지 않는 이유는 무엇인가? → **本論**
> ・의사소통을 원활하게 하는 방법은 무엇인가? → **結論**

〈제52회 쓰기 54번 기출문제〉

109

我々は生きていく中で、お互いの考えが違って葛藤を経験する場合が多くある。このような葛藤はコミュニケーション不足から生じる場合がほとんどである。コミュニケーションは、お互いの関係を維持し、発展させる上で重要な要因となる。「コミュニケーションの重要性と方法」について、以下の内容を中心にあなたの考えを書きなさい。

・コミュニケーションはなぜ重要なのか？
・コミュニケーションがうまくいかないのはなぜか？
・コミュニケーションを円滑にする方法は何か？

〈第52回 筆記 問54 過去問〉

タイプ3 _____の 장점과 문제점/찬성과 반대（〜の長所と問題点／賛成と反対）

> **過去問で出たテーマ**
> ・第60回 早期教育の賛否と理由

〈例題〉

※ [54] 다음을 주제로 하여 자신의 생각을 600~700자로 글을 쓰십시오. 단, 문제를 그대로 옮겨 쓰지 마십시오. (50점)

　　　次のテーマで、あなたの考えを600〜700字で書きなさい。ただし、問題文をそのまま書き写さないこと。（50点）

> 　요즘은 아이가 학교에 들어가기 전 어릴 때부터 악기나 외국어 등 여러 가지를 교육하는 경우가 많다. 이러한 조기 교육은 좋은 점도 있지만 문제점도 있다. 아래의 내용을 중심으로 '조기 교육의 장점과 문제점'에 대해 자신의 의견을 쓰라.
>
> ・조기 교육의 장점은 무엇인가？　　　　本論　　序論
> ・조기 교육의 문제점은 무엇인가？　　　　　　　　　結論
> ・조기 교육에 찬성하는가, 반대하는가？ 근거를 들어 자신의 의견을 쓰라.

〈제60회 쓰기 54번 기출문제〉

最近は、子供が学校に入る前の幼い頃から楽器や外国語などいろいろなことを教育する場合が多い。このような早期教育は良い点もあるが、問題点もある。以下の内容を中心に「早期教育の長所と問題点」についてあなたの意見を書きなさい。

・早期教育の長所は何か？

・早期教育の問題点は何か？

・早期教育に賛成か、反対か？　根拠を挙げてあなたの意見を書きなさい。

〈第60回　筆記　問54　過去問〉

文章を書き始める前に、アウトラインを作りましょう。まず、問題で提示されているテーマを正確に把握し、どの部分を序論、本論、結論に分けるべきかを素早く判断します。また、与えられた質問に対する自分の見解を簡単にまとめ、アウトラインを作ります。

例①

> 　생활의 편리를 위해 한 번 쓰고 버리는 일회용품이 보편화되고 있다. 우리에게 편리함을 주는 대신에 일회용품의 무분별한 사용은 지구 환경에 위협이 되고 있다. 아래의 내용을 중심으로 '일회용품 쓰레기 증가 원인과 해결 방안'에 대해 자신의 의견을 쓰라.　　　　　**序論**
>
> ・일회용품 쓰레기가 증가하는 원인은 무엇인가?　　　　**本論**
> ・일회용품 쓰레기 증가로 생기는 문제점은 무엇인가?
> ・일회용품 쓰레기를 줄일 수 있는 방법은 무엇인가?　　**結論**

　生活の便利さのために一度使ったら捨ててしまう、使い捨ての製品が一般化している。私たちに便利さを与える代わりに、使い捨て製品のむやみな使用は地球環境に脅威となっている。以下の内容を中心に「使い捨て製品のゴミの増加原因と解決策」について、あなたの意見を書きなさい。
・使い捨て製品のゴミが増加する原因は何か。
・使い捨て製品のゴミの増加によって生じる問題点は何か。
・使い捨て製品のゴミを減らすことのできる方法は何か。

Outline

※◆（中心となる内容）　＋（裏付けとなる内容（説明、理由、例など））

序論：◆プラスチックで覆われた海辺、プラスチックを食べて死んだ魚などプラスチックが自然の生存を威脅하고 있는 일은 더 이상 새로운 이야기가 아니다.（プラスチック（のゴミ）で覆われたビーチ、プラスチック

を食べて死んだ魚など、プラスチックが自然の生存を脅かしている
ことは、もはや新しい話ではない。)

本論：증가하는 원인 （増加する原因）
- ◆배달 음식과 밀키트 등을 선호하는 소비 경향이 늘어남으로써 일회용
  품 쓰레기가 늘어나고 있다. （デリバリーフードやミールキットなど
  を好む消費傾向が強まったことで、使い捨て製品のゴミが増えてい
  る。）

문제점 （問題点）
- ◆해양 생태계가 파괴되고 있다. （海洋生態系が破壊されている。）
  - ＋바다로 흘러간 비닐 봉투에 목이 낀 채 살아가는 바다 거북, 쓰레기
    더미로 가득한 고래 뱃속 등 사람이 버린 플라스틱 쓰레기로 인해
    죽은 해양 생물들이 점점 늘어나고 있다. （海に流れ出たビニール
    袋を首にかけたまま生きているウミガメ、ゴミの山ができている
    クジラのおなかの中など、人間が捨てたプラスチックゴミによっ
    て死んでしまった海洋生物がますます増えている。）
- ◆땅에서도 문제이다. （陸地でも問題だ。）
  - ＋매립지는 이미 포화 상태에 이르렀고 버려진 플라스틱이 수로를 막
    아 홍수 위험을 높이고 있다. （埋立地はすでに飽和状態に達して
    いて、捨てられたプラスチックが水路を塞ぎ、洪水の危険度を高
    めている。）
  - ＋플라스틱이나 비닐을 태우는 과정에서 여러 독성 물질들이 배출된
    다. （プラスチックやビニールを燃やす過程でいろんな毒性の物
    質が排出される。）

結論：방법 （方法）
- ◆플라스틱 컵 대신 텀블러를, 나무 젓가락 대신 쇠 젓가락을, 티슈 대신
  손수건을 사용하는 등 사소한 것부터 실천해 보는 게 좋다. （プラスチッ
  クカップの代わりにタンブラーを、割り箸の代わりに鉄の箸を、ティッ
  シュの代わりにハンカチを使うなど、小さなことから実践してみる
  のがよい。）

> 　안락사란 불치병으로 회복의 가망이 없는 환자의 고통을 덜어주기 위하
> 여 인위적으로 죽음에 이르게 하는 것이다. 개인의 죽음에 대한 자유권을
> 제공하고 고통을 덜어준다는 점에서 긍정적인 측면이 있다. 하지만 생명의
> 가치를 떨어뜨린다는 부정적인 측면 또한 있다. 여러분은 어느 쪽의 의견
> 에 동의하는가?　　　　　　　　　　　　　**序論**
>
> ·안락사의 긍정적인 측면은 무엇인가?　　　　　　**本論**　　**結論**
> ·안락사의 부정적인 측면은 무엇인가?
> ·안락사에 찬성하는가, 반대하는가? 근거를 들어 자신의 의견을 쓰라.

　安楽死とは、不治の病で回復の見込みのない患者の苦痛を減らすために人為的に死に至らせることである。個人の死に対する自由権を提供し、苦痛を減らすという点で肯定的な側面がある。しかし、命の価値を下げるという否定的な側面もある。あなたはどちらの意見に同意（賛成）するか？
·安楽死の肯定的な側面は何か？
·安楽死の否定的な側面は何か？
·安楽死に賛成するか、反対するか？　根拠を挙げて、あなたの意見を書きなさい。

❁ Outline

序論：◆안락사는 병으로부터 엄청난 고통을 받고 있는 환자가 본인 혹은 가족
　　　의 요구에 따라 고통이 적은 방법으로 죽을 수 있도록 돕는 것을 말한
　　　다.（安楽死とは、病気で多大な苦痛を受けている患者が、本人ま
　　　たは家族の要求により、苦痛の少ない方法で死ぬことができるよう
　　　に助けることをいう。）

本論：긍정적인 측면（肯定的な側面）
　　　　◆불치병 환자의 극심한 고통을 방치하는 것은 비인간적이다.（不治の
　　　　病の患者の深刻な苦痛を放置するのは非人間的である。）
　　　　＋고통을 실제로 겪는 환자에게는 매일매일이 고통스러운 나날이다.

114

（苦痛を実際に経験している患者には毎日が苦しい日々である。）

◆ 회복이 불가능한 환자에게 의료 행위를 계속하는 것은 엄청난 경제적 손실이다.（回復が不可能な患者に医療行為を続けることは莫大な経済的損失である。）

　+ 연구 보고서에 따르면 회복 불가능한 환자에게 드는 한달 비용이 천만원 이상이 드는 것으로 나타났다.（研究報告書によると、回復が不可能な患者にかかる１カ月の費用は、１千万ウォン以上かかることがわかった。）

부정적인 측면 （否定的な側面）

◆ 인간의 생명은 무엇보다 소중한 것이다.（人間の生命は何より大切なものである。）

　+ 회복 불가능한 환자의 고통을 덜어주는 것이 아니라 귀찮고 쓸모없는 인간을 제거하는 수단이 될 수도 있다.（回復不可能な患者の苦痛を和らげるのではなく、面倒で役に立たない人間を除去する手段になりうる。）

◆ 안락사를 오남용할 수 있다.（安楽死を誤用・乱用することもできてしまう。）

　+ 처음에는 안락사를 선택할 수 있는 사람 대다수가 말기 질병 환자였지만 나중에 무분별하게 이용된다면 범죄로도 이어질 수 있다.（最初は安楽死を選択できる人のほとんどは末期の疾病の患者であったが、今後、無分別に（無秩序に）利用されるようになれば、犯罪につながりかねない。）

結論 : 입장（안락사에 찬성하는가, 반대하는가?）（立場：賛成か反対か）

◆ 안락사를 실시하는 것이 적절하다고 생각한다.（安楽死を実施することは適切であると考える。）

　+ 치료 가능성이 없는 환자의 고통을 덜어 줄 필요가 있다.（治療の可能性のない患者の苦痛を和らげる必要がある。）

　+ 환자 가족들의 심리적, 경제적 고통을 생각해야 한다.（患者の家族の心理的、経済的苦痛を考えなければならない。）

　+ 고통스러운 삶보다는 편안한 죽음이 더 나을 수 있고 인간은 존엄하

고 고통에서 벗어날 권리가 있다. (苦しんで生きることよりは安らかな死の方がましであるかもしれないし、人間には尊厳があり、苦痛から解放される権利がある。)

 練習問題

1.

> 경쟁이라는 단어는 시장 경제 체제에서 살아가는 우리들에게 무척이나 친숙한 단어이다. 오늘날 우리 일상생활에 사용되고 있는 휴대폰, TV와 의료 기술의 발달은 모두 경쟁이 낳은 산물이다. 그러나 경쟁이 우리에게 긍정적인 영향만을 주는 것은 아니다. 아래의 내용을 중심으로 경쟁에 대한 자신의 의견을 쓰라.
>
> · 현대 사회에서 경쟁이 심해지는 이유는 무엇인가?
> · 경쟁이 미치는 긍정적인 영향은 무엇인가?
> · 경쟁이 미치는 부정적인 영향은 무엇인가?

※ Outline

서론 _____

_____

본론 _____

_____

결론 _____

_____

2.

> 역사상 가장 오래된 논쟁 중 하나가 사형 제도이다. 죄인은 당연히 죗값을 치러야 한다는 입장과 사형 제도가 범죄 예방에 도움이 되지 않는다는 의견이 팽팽하다. 이에 대해 아래의 내용을 중심으로 자신의 의견을 쓰라.
>
> · 사형 제도가 왜 필요한가?
> · 사형 제도의 문제점은 무엇인가?
> · 사형 제도에 찬성하는가, 반대하는가? 근거를 들어 자신의 의견을 쓰라.

Outline

서론 _____

_____

본론 _____

_____

결론 _____

_____

3.

> 세계적으로 모바일 기기 사용 시간이 급속도로 늘어남에 따라 보행 중 모바일 기기 이용 시 발생하는 사고 문제도 급부상하고 있다. 이에 보행 중 스마트폰 하는 것을 규제해야 한다는 의견이 대두되고 있다. '보행 중 스마트폰 사용 금지법'에 대해서 자신의 의견을 쓰라.
>
> · 보행 중 스마트폰 사용 금지법이 왜 필요한가?
> · 보행 중 스마트폰 사용 금지법에 따른 문제점은 무엇인가?
> · 법 제정 외에 다른 대안으로 무엇이 있는가?

Outline

서론 _____

_____

본론 _____

_____

결론 _____

_____

4.

> 최근 이웃집 반려견에게 물리는 사고가 자주 발생하면서 반려동물 문제가 사회적인 문제로 대두되고 있다. 애완동물을 키우는 사람과 여전히 동물을 꺼리거나 동물로 인해 불편함을 느끼는 사람들 사이에 분쟁들이 잇따르고 있다. '반려동물에 대한 문제와 대책'에 대해서 자신의 의견을 쓰라.
>
> · 반려동물이 늘어나는 이유는 무엇인가?
> · 반려동물이 늘어나면서 일어나는 문제는 무엇인가?
> · 반려동물에 대한 대책은 무엇인가?

Outline

서론 _____

_____

본론 _____

_____

결론 _____

_____

5.

> 　최근 수술과 관련하여 많은 문제가 발생함에 따라 수술실에 CCTV를 설치해야 한다는 주장이 나오기 시작했다. 이에 대해 수술실에 CCTV가 설치된다면 수술 환경에 방해가 된다는 병원의 입장과 환자의 알 권리를 위해 CCTV 설치에 찬성하는 입장이 대립하고 있다. 아래의 내용을 중심으로 '수술실 CCTV 설치'에 대해 자신의 의견을 쓰라.
>
> ・수술실 CCTV 설치에 왜 찬성하는가?
> ・수술실 CCTV 설치에 왜 반대하는가?

✿ Outline

서론 _____

_____

본론 _____

_____

결론 _____

_____

6.

> 　동물원은 남녀노소 할 것 없이 많은 사람들이 찾고 있는 시설 중 하나이다. 동물원은 동물 보호와 연구를 진행하거나 관람객에게 동물 관련 지식을 제공하는 곳이지만 최근 동물원의 환경을 개선해야 한다는 동물 보호 단체의 목소리가 커지면서 동물원을 폐지해야 한다는 주장이 나오고 있다. '동물원의 존폐'에 대한 자신의 의견을 쓰라.
>
> ・동물원은 있어야 하는 이유는 무엇인가?
> ・동물원을 없애야 하는 이유는 무엇인가?
> ・동물원 폐지에 찬성하는가, 반대하는가? 근거를 들어 자신의 의견을 쓰라.

Outline

서론 _____

_____

본론 _____

_____

결론 _____

_____

7.

> 스마트폰은 어느새 우리 삶에 없어서는 안 되는 필수품이 되었다. 스마트폰 하나만 있으면 언제 어디서든지 일을 처리할 수 있지만 스마트폰이 제공하는 편리한 기능으로 인해 다른 사람에게 의존할 필요가 없게 되었다. 스마트폰이 인간 관계에 미치는 영향에 대해 자신의 의견을 쓰라.
>
> · 스마트폰이 인간 관계에 미치는 긍정적인 영향은 무엇인가?
> · 스마트폰이 인간 관계에 미치는 부정적인 영향은 무엇인가?
> · 스마트폰의 과다 사용에 대한 대책은 무엇인가?

Outline

서론 _____

_____

본론 _____

_____

결론 _____

_____

8.

최근 가짜 뉴스가 대량으로 유포되면서 국가 안보나 사회 질서를 저해하는 행위가 일어나고 있다. 이에 가짜 뉴스 방지법을 제정하여 가짜 뉴스를 제재해야 한다는 의견이 대두되고 있다. '가짜 뉴스 방지법의 필요성과 그에 따른 문제점'에 대해 자신의 의견을 쓰라.

· 왜 가짜 뉴스 방지법이 필요한가?
· 가짜 뉴스 방지법 제정에 따른 문제점은 무엇인가?
· 법 제정 외에 다른 대안으로 무엇이 있는가?

🐾 Outline

서론 _____

_____

본론 _____

_____

결론 _____

_____

ステップ3：序論を書く

序論作成の戦略

序論はどんな内容の文章が展開されるのかを表す部分のため、とても重要です。TOPIKの作文は文学的な文章とは違い、あるテーマについて自分の意見を論理的に展開します。ある程度決まった形がありますので、序論の書き方を身につければ、悩まずに文章を書くことにできるようになるでしょう。

-💡 解き方のポイント

序論を書くポイントは、問題指示文を言い換えて書くこと、つまり、問題で提示されている単語をいくつか置き換えたり、文章の構造を変えて書くことです。また、提示されているテーマに対して、仮定をしたり、質問を投げかけたりするのもよいでしょう。

① 指示文を序論の文として活用します。ただし、指示文の文章構造や表現は変え、問題に出ている表現をそのまま使わないようにしましょう。
② 問題に提示されている3つの課題のうち、1つを序論の内容として活用する方法もあります。

序論の表現

・일반적으로 사람들은 _____을/ㄹ 것이라고 생각한다.
　一般的に、人々は_____すると考える。
【例】일반적으로 사람들은 경제적으로 여유가 있으면 다른 사람들보다 더 행복할 것이라 생각한다.
　　一般的に、人々は経済的に余裕があれば他の人よりもっと幸せになると考える。

・최근 _____고 있다.
　最近_____している。

122

【例】최근 1인 가구가 계속 증가하고 있다.

最近、単身世帯が増え続けている。

・현대 사회는 _____고 있다.

現代社会は_____している。

【例】현대 사회는 과학 기술과 교통의 발달로 많은 변화를 겪고 있다.

現代社会は科学技術と交通の発達により、大きく変化している。

・_____이란/란 _____이다.

_____とは_____である。

【例】동기란 어떤 일을 하게 하는 보이지 않는 힘이다.

動機とは、あることをさせる見えない力のことである。

PART 4

問題 54

序論作成の例

序論

> 요즘은 아이가 학교에 들어가기 전 어릴 때부터 악기나 외국어 등 여러 가지를 교육하는 경우가 많다. 이러한 조기 교육은 좋은 점도 있지만 문제점도 있다. 아래의 내용을 중심으로 '조기 교육의 장점과 문제점'에 대해 자신의 의견을 쓰라.
>
> ・조기 교육의 장점은 무엇인가?
> ・조기 교육의 문제점은 무엇인가?
> ・조기 교육에 찬성하는가, 반대하는가?
> 　근거를 들어 자신의 의견을 쓰라.

〈제60회 쓰기 54번 기출문제〉

✔ 序論は新しく書くよりも、「単語を置き換える」、「文の構造を変える」、「仮定する」、「質問する」などの方法で、表現を少し変えて書くとよい。

💡 単語を置き換える

요즘은 학교에 들어가지 않은 아이들에게 다양한 교육을 실시하는 경우가 많다. 어릴 때부터 이루어지는 조기 교육은 좋은 점도 있지만 문제점도 많다.

最近は学校に入学していない子供たちに多様な教育を実施する場合が多い。幼い頃から行われる早期教育は良い点もあるが、問題点もある。

　요즘은 어릴 때부터 다양한 교육을 학교에 입학하기 전부터 시키는 경우가 많다. 이러한 조기 교육은 여러 가지 장점도 있지만 그에 따른 단점도 많다.

　最近は幼い頃から多様な教育を学校に入学する前からさせる場合が多い。このような早期教育はさまざまな長所もあるが、それによる短所も多い。

　학교에 들어가기 전부터 조기 교육을 시작한다면 내 아이가 과연 똑똑한 아이로 성장할 수 있을까? 조기 교육을 일찍 실시한다면 그만큼 좋은 점도 있겠지만 그에 따른 문제점도 적지 않다.

　学校に入る前から早期教育を始めれば、自分の子供は果たして賢い子に成長することができるだろうか？　早期教育を早めに実施すれば、その分良い点もあるだろうが、それに伴う問題点も少なくない。

　요즘은 학교에 들어가지 않은 아이들에게 어릴 때부터 다양한 교육을 실시하는 경우가 많다. 이는 좋은 점도 있지만 문제점도 많다. 문제점이 많음에도 불구하고 조기 교육은 왜 하는 것일까?

　最近は学校に入学していない子供たちに幼い頃から多様な教育を実施する場合が多い。これは良い点もあるが、問題点も多い。問題点が多いにもかかわらず、早期教育はなぜ行うのだろうか。

【例の訳】
　最近は子供が学校に入る前の幼い頃から楽器や外国語などさまざまなことを教育する場合が多くある。このような早期教育は良い点もあるが、問題点もある。以下の内容を中心に「早期教育の長所と問題点」についてあなたの意見を書きなさい。
・早期教育の長所は何か？
・早期教育の問題点は何か？
・早期教育に賛成か、反対か？　根拠を挙げてあなたの意見を書きなさい。

〈第60回 筆記 問54 過去問〉

ステップ4：本論を書く

本論作成の戦略

序論の役割が読む人の関心を引き出し、文章全体の方向を提示することなら、本論は具体的かつ論理的に説得する部分です。韓国語表現のレベルはもちろん大事ですが、本論では論題に対する自分の主張を展開し、その主張に対する具体的な論拠を上手く提示しなければなりません。

💡 解き方のポイント

① 問題に提示されている課題はすべて書かなければなりません。

② 同じ接続語や表現を繰り返し使わないようにしましょう。

③ 中心となる内容＋それを裏付ける内容（理由、根拠、例など）で構成するとよいです。

④ 個人的な経験を書くのはよくありません。客観的な視点で書くようにしましょう。

以下は本論の基本構造です。このように本論を構成すると、より容易に文章を作成することができます。

本論1	◆中心となる内容
	＋裏付けとなる内容（説明、理由、例など）
本論2	◆中心となる内容
	＋裏付けとなる内容（説明、理由、例など）

本論の表現

・우선 . 그다음으로 _____. 마지막으로 _____.

　　まず_____。その次に_____。最後に_____。

【例】물건을 고를 때 우선 디자인이 중요하다. 그다음으로 값, 마지막으로 품질을 중요하게 생각한다.

　　品物を選ぶとき、まずデザインが重要である。その次に価格、最後に

125

品質が重要だと思う。

・첫째, _____. 둘째, _____. 셋째, _____.
　第一に、_____。第二に、_____。第三に、_____。

【例】돈을 절약하는 방법에는 여러 가지가 있다. 첫째, 가계부를 쓰는 것이다.
　둘째, 외식을 줄이고 집에서 만들어 먹는 것이 좋다. 셋째, 마트에 가기
　전에 구매 목록을 작성하는 방법 등이 있다.
　お金を節約する方法はいろいろある。第一に、家計簿をつけることだ。
　第二に、外食を減らして家で作って食べるのがよい。第三に、スーパー
　に行く前に買い物リストを作成する方法などがある。

・예를 들면(예를 들어, 예를 들자면)／_____의 대표적인 예로 _____ 등
　을 들 수 있다.
　例えば／_____の代表的な例として_____などが挙げられる。

【例】우리는 환경보호를 위해 여러 가지를 할 수 있다. 예를 들면(예를 들어,
　예를 들자면) 종이컵 대신에 텀블러를 이용하는 것이다.
　私たちは環境保護のためにいろんなことができる。例えば、紙コップ
　の代わりにタンブラーを利用することである。

　인공 지능의 대표적인 예로 자율 주행 자동차와 음성 인식 서비스 등을 들
　수 있다.
　人工知能の代表的な例として、自律走行車と音声認識サービスなどが
　挙げられる。

・_____에는 여러 가지가 있다.　_____에는 여러 가지 있다.
【例】전기를 절약하는 방법에는 여러 가지가 있다.
　電気を節約する方法はいろいろある。

・_____음/ㅁ에 따라　_____에 따라　_____につれ（て）
【例】기술이 발전함에 따라 우리 삶의 방식도 바뀌고 있다.
　技術が発展するにつれて、私たちの生き方も変わってきている。

· _____는다는/ㄴ다는/다는 장점(단점, 특징, 긍정적인 면, 부정적인 면) 이 있다.

　　_____だという長所（短所、特徴、肯定的な面、否定的な面）がある。

【例】 한옥은 목재를 사용하기 때문에 공해 발생이 거의 없다는 장점이 있다.
　　　韓屋は木材を使用するため、公害発生がほとんどないという長所がある。

　　　SNS는 개인 정보가 유출되고 잘못된 지식이 전파될 수 있다는 단점이 있다.
　　　SNSは個人情報が流出し、間違った知識が広まる恐れがあるという短所がある。

· _____기 위해서는 _____이/가 중요하다(필요하다).

　　_____するためには_____が重要である（必要である）。

【例】 바이러스 감염의 확산을 막기 위해서는 국민 개개인의 노력이 중요하다(필요하다).
　　　ウイルス感染の拡大を防ぐためには国民一人一人の努力が重要である（必要である）。

· 왜냐하면 _____기 때문이다.　なぜなら_____だからである.

【例】 살이 많이 찐 부위를 집중적으로 운동을 해도 효과가 없다. 왜냐하면 지방이 주로 저장되는 부위가 배, 허벅지인데 이 부위가 가장 많이 찌고 운동을 해도 가장 늦게 빠지는 부위이기 때문이다.
　　　太った（身体の）部位は集中的に運動しても効果がない。なぜなら、脂肪が主に蓄積される部位はおなかと太ももであるが、これらの部位が最も太りやすく、運動をしても最も遅く痩せる部位だからである。

· _____는 데에 도움이 된다.　_____のに役に立つ.

【例】 배우의 대사를 따라하는 것은 말하기 실력을 키우는 데에 도움이 된다.
　　　俳優の台詞を真似することは、スピーキングの実力を伸ばすのに役立つ。

・＿＿＿＿＿＿로/으로 인해　　＿＿＿＿＿＿によって

【例】코로나19 델타 변이로 인해 다시 감염병 유행이 확산되고 있다.

　　　新型コロナウイルスのデルタ変異株により、再び感染症の流行が拡大
　　　している。

本論作成の例

> 　　요즘은 아이가 학교에 들어가기 전 어릴 때부터 악기나 외국어 등 여러
> 가지를 교육하는 경우가 많다. 이러한 조기 교육은 좋은 점도 있지만 문제
> 점도 있다. 아래의 내용을 중심으로 '조기 교육의 장점과 문제점'에 대해
> 자신의 의견을 쓰라.
>
> ・조기 교육의 장점은 무엇인가?
> ・조기 교육의 문제점은 무엇인가?　　**本論**
> ・조기 교육에 찬성하는가, 반대하는가? 근거를 들어 자신의 의견을 쓰라.

〈제60회 쓰기 54번 기출문제〉

本論1：장점 （長所）

◆아이의 재능을 일찍 발견할 수 있고 잠재력을 극대화할 수 있다. （子供の才
能を早めに発見でき、潜在能力を最大にできる。）

　+예체능의 경우 어릴 때부터 체계적인 교육을 받는다. （芸術・スポーツの
場合、幼い頃から体系的な教育を受ける。）

◆학업 경쟁력을 높일 수 있다. （学業における競争力を高めることができる。）

◆아이의 세계관을 넓힐 수 있다. （子供の世界観を広げることができる。）

本論2：문제점 （問題点）

◆부모의 강요에 의한 조기 교육은 아이에게 스트레스를 주고 학업 흥미를 떨
어뜨린다. （親の強要による早期教育は子供にストレスを与え、学業への
興味を低下させる。）

◆아이들의 정서 발달에 부정적인 영향을 미친다. （子供たちの情緒の発達に
否定的な影響を及ぼす。）

〈解答例〉

　조기 교육의 가장 큰 장점은 아이의 재능을 일찍 발견하고 아이가 가진 잠재력을 극대화할 수 있다는 점이다. 예를 들어 예체능계의 유명인 중에는 어릴 때부터 체계적인 교육을 받은 경우가 많다. 또 다른 조기 교육의 장점은 아이의 학업 경쟁력을 높일 수 있다는 점이다. 이 외에도 조기 교육에서의 다양한 경험은 아이의 세계관을 넓히는 데 도움이 된다.

　그러나 조기 교육은 부모의 강요에 의해 이루어질 수 있다는 문제점이 있다. 이로 인해 아이는 스트레스를 받거나 억압적인 학습 경험의 반발로 학업에 흥미를 느끼지 못할 수 있다. 또한 조기 교육이 과도하게 이루어질 경우 아이들의 정서 발달에 부정적인 영향을 미칠 수 있다.

　早期教育の最大の長所は、子供の才能を早めに発見し、子供が持っている潜在能力を最大にできるという点である。例えば、芸術・スポーツ界の有名人の中には、幼い頃から体系的な教育を受けているケースが多い。もう一つの早期教育の長所は、子供の学業における競争力を高めることができるという点である。その他にも早期教育における多様な経験は子供の世界観を広げるのに役立つ。

　しかし、早期教育は親の強要によって行われる可能性があるという問題点がある。それによって子供はストレスを受けるか、抑圧的な（強制された）学習経験の反動で学業に興味が感じられない場合もある。また、早期教育が過度に行われる場合、子供の情緒の発達に否定的な影響を及ぼしかねない。

ステップ5：結論を書く

結論作成の戦略

結論は全体的な内容を締めくくる部分です。本論の内容をまとめるところなので、本論で扱っていない内容を付け加えたり、個人的な意見を入れたりすることのないように注意しましょう。今後の展望、解決策、立場などをまとめて書きます。

> 💡 解き方のポイント
> ① 問題に提示されている 3 つの課題のうち、最後の課題が結論に該当する場合が多いです。

結論の表現

・지금까지 ＿＿＿＿＿에 대해 살펴보았다.
　今まで＿＿＿＿＿について見てきた。

【例】 지금까지 조기 교육의 장점과 문제점에 대해 살펴보았다.
　　　今まで早期教育の長所と問題点について見てきた。

・이와 같이 ＿＿＿＿＿을/ㄹ 것이다.
　このように＿＿＿＿＿するだろう。

【例】 이와 같이 무분별한 성형수술 광고는 불필요한 성형수술을 부추길 것이다.
　　　このように無分別な整形手術の広告は不要な整形手術をあおるだろう。

・따라서 ＿＿＿＿＿기 위해서는 ＿＿＿＿＿이/가 중요하다 (필요하다).
　したがって＿＿＿＿＿するためには＿＿＿＿＿が重要である（必要である）。

【例】 따라서 원활한 의사소통을 하기 위해서는 청자의 적극적이고 협력적인 태도가 중요하다.
　　　したがって、円滑なコミュニケーションのためには、聞き手の積極的かつ協力的な態度が重要である。

・다시 말해서(말하면) _____는 것이 중요하다(-어야/아야 할 것이다, -지 않으면 안 된다).

言い換えると、_____ということが重要である（～しなければならない）。

【例】 다시 말해서 마케팅은 고객의 욕구와 선호를 제대로 파악하는 것이 중요하다.

言い換えると、マーケティングは顧客の欲求と好みを正確に把握することが重要である。

・이러한 이유로 _____에 반대한다/찬성한다.

これらの理由から_____に反対する／賛成する。

【例】 이러한 이유로 교내 핸드폰 사용에 반대한다.

これらの理由から校内での携帯電話の使用に反対する。

結論作成の例

요즘은 아이가 학교에 들어가기 전 어릴 때부터 악기나 외국어 등 여러 가지를 교육하는 경우가 많다. 이러한 조기 교육은 좋은 점도 있지만 문제점도 있다. 아래의 내용을 중심으로 '조기 교육의 장점과 문제점'에 대해 자신의 의견을 쓰라.

・조기 교육의 장점은 무엇인가?
・조기 교육의 문제점은 무엇인가?　　　　　　　　　　→ 結論
・조기 교육에 찬성하는가, 반대하는가? 근거를 들어 자신의 의견을 쓰라.

結論：입장（立場：賛成か反対か）
◆조기 교육에 반대한다（早期教育に反対）
　＋조기 교육은 학습자의 자발성과 내적 동기를 전제로 이루어진 교육이 아니다.（早期教育は学習者の自発性と内的動機を前提とした教育ではない。）
　＋아이는 무엇을 배우고 싶은지 명확히 인지하지 못할 가능성이 크다.
　（子供は何を学びたいのか明確に認識できない可能性が高い。）

〈解答例〉

　조기 교육의 장점에도 불구하고 위의 문제점을 고려하였을 때 조기 교육을 실시하는 것이 적절하지 않다고 생각한다. 진정한 교육이란 학습자의 자발성과 내적 동기를 전제로 이루어진다고 생각하기 때문이다. 아이는 발달중에 있고 경험이 적기 때문에 자신이 무엇을 배우고 싶은 지 명확히 인지하지 못할 가능성이 크다. 이는 아이의 동기보다 보호자의 바람이 조기 교육에 더 큰 영향을 미치게 되는 이유이기도 하다. 이러한 이유로 조기 교육을 실시하는 것에 반대한다.

　早期教育の長所があるとしても、上記の問題点を考慮したとき、早期教育を実施することは適切ではないと思われる。真の教育とは、学習者の自発性と内的動機を前提として行われると考えるからである。子供は発達の途上にあり、経験が少ないため、自分が何を学びたいのか明確に認知できない可能性が高い。これは子供の動機より保護者の願望が早期教育により大きな影響を及ぼすことになる理由でもある。これらの理由から早期教育を実施することには反対である。

ステップ6：**30分以内に書く**

ここまで学んできたことを使って、予想問題に挑戦しましょう。各問題の制限時間は30分です。解答解説は別冊p.77〜p.104にあります。問題を解き終わったら答え合わせをしましょう。

 予想問題

다음을 참고하여 600~700자로 글을 쓰시오. 단, 문제를 그대로 옮겨 쓰지 마시오.

1.　　　　　　　　　　　　　　　　　　　　　⧖ ＿＿分 ＿＿秒

> 　미니 냉장고, 미니 전기밥솥, 미니 소주 등 1인 가구를 위한 제품들이 인기를 끌고 있다. 통계청 조사에 따르면 2017년 한국의 가구 수는 2천만 가구를 넘어섰고 그 중 1인 가구 비율이 30%에 육박한다고 한다. 이러한 '1인 가구의 증가 원인과 문제점'에 대해 자신의 의견을 쓰라.
>
> ・1인 가구의 증가 원인은 무엇인가?
> ・1인 가구 증가로 생기는 문제점은 무엇인가?
> ・1인 가구의 대책 방안은 무엇인가?

2.　　　　　　　　　　　　　　　　　　　　　⧖ ＿＿分 ＿＿秒

> 　동물실험은 새로운 제품이나 치료법의 효능과 안정성을 확인하기 위한 것으로 동물을 이용한 실험이 다양한 분야에서 활용되고 있다. 인간이 과연 동물들을 마음대로 이용하고 실험의 대상으로 삼을 권리가 있는지에 대해 자신의 입장을 쓰라.
>
> ・동물실험은 왜 해야 하는가?
> ・동물실험을 하면 안 되는 이유는 무엇인가?
> ・동물실험에 찬성하는가, 반대하는가? 근거를 들어 자신의 의견을 쓰라.

3.

요즘 젊은이들은 성형 수술은 물론 지방 흡입이나 눈썹 문신을 거부감 없이 한다. 이렇게 해서라도 예뻐진다면 행복할 거라고 생각하는 젊은 친구들이 적지 않다. 그러나 외모와 행복 만족도가 꼭 비례한다고는 할 수 없다. '외모가 행복에 미치는 영향'에 대해 자신의 의견을 쓰라.

· 외모가 행복에 얼마나 많은 영향을 미치는가?
· 외모와 행복 만족도의 관계는 어떠한가?
· 어떻게 사는 것이 행복인가?

4.

인공 지능은 Siri부터 자율 주행 자동차에 이르기까지 빠르게 발전하고 있다. 인간의 능력을 뛰어넘고 있는 인공 지능은 우리에게 기대와 우려를 동시에 주고 있다. 아래의 내용을 중심으로 인공 지능에 대한 자신의 생각을 쓰라.

· 인공 지능 기술이 미치는 긍정적인 영향은 무엇인가?
· 인공 지능 기술의 부정적인 영향은 무엇인가?
· 인공 지능 기술로 인해 다가올 문제에 대한 해결 방안은 무엇인가?

5.

최근 인터넷을 이용하는 컴퓨터, 스마트폰, 태블릿 PC 등의 보급이 빠르게 확산되면서 다양한 정보를 쉽고 편리하게 받아볼 수 있게 되었다. 이러한 뉴미디어의 등장은 청소년에게 다방면으로 영향을 끼치고 있다. '뉴미디어가 청소년에게 미치는 영향'에 대해 자신의 의견을 쓰라.

· 뉴미디어가 청소년에게 미치는 긍정적인 영향은 무엇인가?
· 뉴미디어의 문제점은 무엇인가?
· 뉴미디어를 올바르게 활용하는 방법은 무엇인가?

6.   ⧗ ___ 分 ___ 秒

> 　기후변화는 일정한 지역에서 장기간에 걸쳐서 나타나는 기후의 평균적인 상태가 변화하는 것으로, 이러한 변동은 지구 내부의 작용이나 외부의 힘에 의한 것일 수도 있고 인간의 활동에 의한 것일 수도 있다. 이러한 '기후 변화가 인간 생활에 미치는 영향'에 대해 아래의 내용을 중심으로 자신의 생각을 쓰라.
>
> ・기후변화는 왜 일어나는가?
> ・기후변화는 인간 생활에 어떤 영향을 미치는가?
> ・기후변화를 해결하는 방법은 무엇인가?

7.   ⧗ ___ 分 ___ 秒

> 　현재 전 세계에서 사용하는 휴대전화는 약 50억 대로 추정되고 있다. 이 가운데 약 절반 정도는 스마트폰이 차지하고 있고, 나머지 전화는 일반 휴대전화인 것으로 나타났다. 특히 젊은 세대일수록 스마트폰을 사용하는 비율이 높아지면서 그에 따른 문제도 생겨나고 있다. '스마트폰 사용으로 인한 문제점과 해결 방안'에 대해 아래의 내용을 중심으로 자신의 생각을 쓰라.
>
> ・스마트폰 사용 비율이 높아지는 이유는 무엇인가?
> ・스마트폰 사용으로 인한 문제점은 무엇인가?
> ・스마트폰 사용을 줄이기 위해 어떠한 노력이 필요한가?

　최근 바이러스 감염 사태로 인해 비대면 진료가 전 세계적으로 활성화되고 있는 가운데 원격 의료에 대한 논의가 활발하게 이루어지고 있다. 아래의 내용을 중심으로 '원격 의료의 장점과 문제점'에 대해 자신의 의견을 쓰라.

· 원격 의료의 장점은 무엇인가?

· 원격 의료의 문제점은 무엇인가?

· 원격 의료에 찬성하는가, 반대하는가? 근거를 들어 자신의 의견을 쓰라.

✔ 입말（話し言葉）と 글말（書き言葉）

話をするときと文を書くときは表現が変わります。입말（話し言葉）と 글말（書き言葉）を区別して書かなければなりません。

1) 略語（縮約形）

입말	글말	입말	글말
근데	그런데　ところで	그럼	그러면　それでは
뭘	무엇을　何を	좀	조금　少し
뭐가	무엇이　何が	땜에	때문에　～のために
난	나는　私は	젤	제일　最も
이게 그게 저게	이것이　これが 그것이　それが 저것이　あれが	-는 게	-는 것이　～することが
첨	처음　初めて	-는 걸	-는 것을　～することを

2) 助詞

입말	글말
한테	에게　（人）～に
한테서	에게서　（人）～から
이랑/랑, 하고	와/과　～と

3) 副詞

입말	글말
되게, 진짜, 정말, 너무	매우　すごく、非常に、とても
제일	가장　最も

4) 語尾

입말	글말
-어서/아서	-어서/아서　～して／て
-으니까/니까	-으므로/므로　～するので
-어요?/아요?	-는가/은가/ㄴ가?　（終結語尾：～するのか）

5) その他

文章を書くときは、略さずに書く。

・했다　→　하였다　　・됐다　→　되었다　　・줬다　→　주었다

・이런/그런/저런　→　이러한/그러한/저러한

☑ 間違いを見つける力

韓国語を正確に表現するためには、文の間違いを見つけて自ら直すことができる力が必要です。練習をしておくとよいでしょう。

練習問題

※ 다음 문장에서 틀린 부분을 찾아 고쳐봅시다.

次の文から間違っている部分を探し、書き直しなさい。

1. 성공한 사람들은 소통하는 방법을 확실히 알다.

　→ _____

2. 무리하게 운동을 하면 아파지기가 쉽다.

　→ _____

3. 무엇보다도 회사의 분위기가 중요한다고 생각한다.

　→ _____

4. 한국 사람은 가장 좋아하는 음식은 김치찌개이다.

   → _____

5. 나에게 맞는 치수가 없는다.

   → _____

6. 중요한 물건을 보낼 때는 보험에 들지 않으면 안 되다.

   → _____

7. 요즘 사람들은 복잡한 도시보다 조용한 곳에 살고 싶다.

   → _____

8. 많은 학생들이 함께 모여서 하는 게 좋아한다.

   → _____

9. 대중매체란 신문, 잡지, 라디오, 텔레비전 등 다양한 정보를 전달한다.

   → _____

10. 사과가 다이어트에 도움이 되는 것을 나타났다.

    → _____

11. 최근 코로나19 바이러스가 확산된다.

    → _____

12. 인터넷 쇼핑은 시간과 장소에 구애받지 않고 할 수 있는 장점이 있다.

    → _____

13. 전문가의 말에 의하면 불황은 또 다른 기회다.

    → _____

14. 그 동아리가 재미있어 보이니까 가입하였다.

    → _____

15. 불규칙적인 생활이 지속되면 우울증이나 불안감이 발생할 거다.

    → _____

16. 아침밥을 챙겨 먹는다는 답변은 2%을 그쳤다.

    → _____

17. 역사는 왜 배웁니까?

    → _____

18. 군대에서도 핸드폰을 사용하도록 하는 방안이 추진되는 전망이다.

    → _____

19. 아이가 싫어한다면 무리하게 시키는 필요가 없다.

    → _____

20. 아이들이 부모가 칭찬할 때 자존감이 올라간다.

    → _____

模擬試験

TOPIK II 쓰기(51번~ 54번) 1회

※ [51-52] 다음 글의 ⊙과 ⓒ에 알맞은 말을 각각 쓰시오. (각 10점)

51.

게시판

외국어 교실 수강생 모집

원어민에게 외국어를 쉽고 재미있게 배우고 싶습니까? 이번에 서울시에서 (⊙). 외국어에 관심있는 분이라면 누구든지 신청이 가능합니다. 선착순 20명을 모집합니다. 관심이 있으신 분은 (ⓒ).

- 모집 기간: 2025. 1. 5. ~ 1. 10.
- 신청 방법: cooltopik@hangul.co.kr로 접수

52.

서로 가까운 거리에 있지만 모기에 잘 물리는 사람이 있는가 하면 짧은 옷을 입어도 모기에 물리지 않는 사람이 있다. 연구 결과에 의하면 땀을 많이 흘리는 사람이 모기에 많이 물리는 것으로 나타났다. 모기는 후각이 예민하게 발달되어 있어 (⊙). 따라서 모기에 가능한 한 물리지 않으려면 (ⓒ).

53. 다음은 '여성의 경제 활동 참여율'에 대한 자료이다. 이 내용을 200~300
자의 글로 쓰시오. 단, 글의 제목을 쓰지 마시오. (30점)

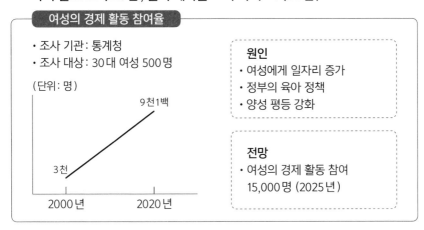

54. 다음을 참고하여 600~700자로 글을 쓰시오. 단, 문제를 그대로 옮겨 쓰지
마시오. (50점)

> 과학 기술의 발달은 인류 문명의 발전에 크게 기여하였다. 식량, 질병,
> 교통 등 다양한 방면에서 인간의 삶을 매우 윤택하고 풍요롭게 만들고 있다.
> 이처럼 과학 기술은 인간의 삶에 직접적인 영향을 주고 있다. 아래의 내용
> 을 중심으로 '과학 기술의 발달이 인간에게 미친 영향'에 대해 자신의 의견
> 을 쓰라.
>
> • 과학 기술의 발달이 인간에게 미친 영향은 무엇인가?
> • 과학 기술의 발달은 인간의 행복에 비례하는가?
> • 과학 기술을 대하는 올바른 자세는 무엇인가?

TOPIK II 쓰기(51번~ 54번) 2회

※ [51-52] 다음 글의 ㉠과 ㉡에 알맞은 말을 각각 쓰시오. (각 10점)

51.

○ ○ ○

| 제목 | 관람 문의 드립니다 |

안녕하세요? 서울 시립 미술관에서 단체 관람 예약을 하려고 하는데요.
홈페이지에 안내된 내용에 의하면 20명 이상일 경우에는 (㉠).
예약을 하고 싶은데 (㉡)?
답변 기다리겠습니다. 감사합니다.

52.

우리는 빛은 좋은 것, 어둠은 나쁜 것으로 인식하는 경향이 있다. 그러나
(㉠).밝은 빛도 너무 과하면 공해가 되는 것으로 나타났다. 빛 공해가 인
간 뿐만 아니라 동물, 곤충, 식물 등의 행동에 부정적인 영향을 끼친다고 한다.
그러므로 불필요한 조명을 줄이고 (㉡).

53. 다음은 '이직을 희망하는가'에 대한 자료이다. 이 내용을 200~300자의 글로 쓰시오. 단, 글의 제목을 쓰지 마시오. (30점)

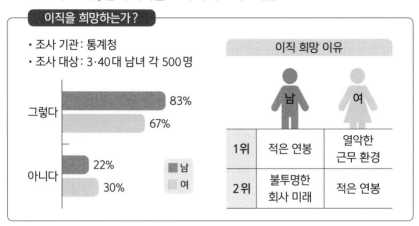

54. 다음을 참고하여 600~700자로 글을 쓰시오. 단, 문제를 그대로 옮겨 쓰지 마시오. (50점)

> 오늘날 우리는 자고 일어나면 신조어가 쏟아지는 세상에 살고 있다고 해도 과언이 아니다. 신조어는 주로 온라인 커뮤니티, SNS, 유튜브 등에서 활발히 쓰이고 있으며 순식간에 널리 퍼져 나가고 있다. 아래의 내용을 중심으로 '신조어 사용'에 대한 자신의 의견을 쓰라.

- 신조어를 사용하는 이유는 무엇인가?
- 신조어 사용의 문제점은 무엇인가?
- 신조어 사용에 대한 자신의 입장은 무엇인가?

TOPIK Ⅱ 쓰기(51번~ 54번) **3회**

※ [51-52] 다음 글의 ㉠과 ㉡에 알맞은 말을 각각 쓰시오. (각 10점)

51.

엘리베이터 정기 점검 안내

고장이나 안전사고 대비를 위하여 (㉠). 정기 점검을 하는 동안에는 계단을 이용해 주시기 바랍니다. 정기 점검을 아래와 같이 실시하오니 주민 여러분께서는 (㉡). 자세한 사항은 아파트 관리실에 문의하시기 바랍니다.

- 일시 : 2022년 12월 2일 (수) 10:00~12:00
- 장소 : 전층 엘리베이터

52.

비타민 D는 식품으로 섭취하지 않아도 햇빛을 통해 얻을 수 있다. 그러나 지나치게 자외선에 노출되면 피부암이나 피부 노화의 원인이 되므로 (㉠). 그러나 나이가 들수록, 비만일수록 같은 양의 햇빛에 노출되어도 비타민 D 흡수 능력은 떨어진다. 그러므로 (㉡).

---

53. 다음은 '한국인 1인당 연간 커피 소비량'에 대한 자료이다. 이 내용을 200~
    300자의 글로 쓰시오. 단, 글의 제목을 쓰지 마시오. (30점)

54. 다음을 참고하여 600~700자로 글을 쓰시오. 단, 문제를 그대로 옮겨 쓰지
    마시오. (50점)

> 　최근 몇 년간 인터넷, 스마트폰 등을 통한 SNS가 급속하게 보급되면서
> 온라인을 통한 팬덤 활동 또한 급격히 늘어나고 있다. 팬덤 문화가 일반화
> 되면서 팬덤 문화는 10대 문화의 일부분이 되었다고 해도 과언이 아니다.
> 아래의 내용을 중심으로 팬덤 문화에 대한 자신의 의견을 쓰라.

- 팬덤 문화가 청소년에게 미치는 긍정적인 영향은 무엇인가?
- 팬덤 문화가 청소년에게 미치는 부정적인 영향은 무엇인가?
- 팬덤 문화에 대한 자신의 입장은 무엇인가?

TOPIK Ⅱ 쓰기 (51번~ 54번) **4회**

※ [51-52] 다음 글의 ㉠과 ㉡에 알맞은 말을 각각 쓰시오. (각 10점)

51.

잃어버린 물건을 찾습니다.

　3월 25일 오후 4시 쯤에 도서관 1층 열람실에서 (　㉠　). 정신 없이 가방을 챙기다가 지갑을 흘린 것 같습니다. 지갑은 약간 오래된 갈색 가죽 지갑입니다. 지갑 안에 신용카드와 증명사진 몇 장이 있습니다. 이 지갑을 (　㉡　). 찾아 주시는 분께는 꼭 감사의 마음을 전하겠습니다. 제 연락처는 010-1234-1234 입니다.

52.

　생활 습관으로 치매를 예방할 수 있다는 연구 결과가 발표되었다. 우선 걷기와 계단 이용하기, 스트레칭 하기 등 (　㉠　). 그 다음으로 운동하기, 독서하기, 영화 관람하기 등과 같은 (　㉡　). 이처럼 지속적으로 뇌세포를 자극해 줄 수 있는 두뇌 활동을 한다면 치매 위험의 감소에 긍정적인 영향을 줄 수 있다.

53. 다음은 ''한국'하면 무엇이 떠오르나요?'에 대한 자료이다. 이 내용을 200~300자의 글로 쓰시오. 단, 글의 제목을 쓰지 마시오. (30점)

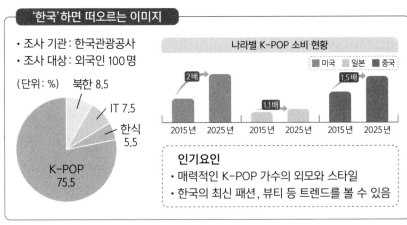

54. 다음을 참고하여 600~700자로 글을 쓰시오. 단, 문제를 그대로 옮겨 쓰지 마시오. (50점)

> 　세계적으로 에너지 수요는 늘어가는 반면 석유, 석탄 등의 화석 연료는 고갈되어 가고 있다. 이러한 시점에서 원자력 발전은 인류의 에너지 수요를 충족시킬 수 있는 가장 현실적인 대안이다. 그러나 원자력 발전은 운영 비용이 저렴하다는 점에서 경제적이라는 평가를 받고 있지만 원자력 발전의 위험성도 크다. 아래의 내용을 중심으로 '원자력 발전'에 대한 자신의 의견을 쓰라.

- 원자력 발전은 왜 필요한가?
- 원자력의 문제점은 무엇인가?
- 원자력 발전 건설에 찬성하는가, 반대하는가? 근거를 들어 자신의 의견을 쓰라.

TOPIK II 쓰기(51번~ 54번) 5회

※ [51-52] 다음 글의 ㉠과 ㉡에 알맞은 말을 각각 쓰시오. (각 10점)

51.

○ ○ ○   E-mail

지민아, 지난 번에 카메라를 (㉠   ). 네 덕분에 여행 가서 좋은 사진
을 많이 찍을 수 있었어. 그런데 카메라를 언제 (㉡   )? 날짜와 시
간을 알려 주면 내가 직접 네게 찾아가서 돌려줄게. 답장 기다릴게.

52.

　　재능 기부란 개인이 가지고 있는 능력을 개인의 이익을 위해서가 아닌 공공
을 위해 사용하는 기부 형태를 말한다. 재능 기부가 금전적인 기부와 다른 점
은 두 가지가 있다. 첫째 금전적인 기부는 일회성이 대부분이지만 재능 기부는
(㉠   ). 둘째 돈이 없어도 (㉡   ). 예를 들면 목소리가 좋은 사람은 시각
장애인을 위해 자신의 목소리 재능을 기부할 수 있다.

53. 다음은 '명품 소비율'에 대한 자료이다. 이 내용을 200~300자의 글로 쓰시오. 단, 글의 제목을 쓰지 마시오. (30점)

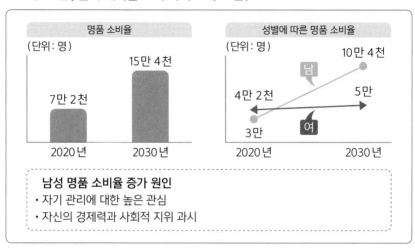

54. 다음을 참고하여 600~700자로 글을 쓰시오. 단, 문제를 그대로 옮겨 쓰지 마시오. (50점)

> 　최근 몇 년간 소년 범죄가 더 흉악해지고 계획 범죄화가 되어가고 있다. 여론은 소년법의 솜방망이 처벌에 소년법 폐지를 통해 소년범들에게 경각심을 심어줄 필요가 있다고 주장하고 있다. 아래의 내용을 중심으로 '소년법 폐지'에 대한 자신의 의견을 쓰라.

- 왜 소년법을 폐지해야 하는가?
- 소년법을 폐지함으로써 발생하는 문제점은 무엇인가?
- 소년법 폐지 대안으로 무엇이 있는가?

著者
カン・ウンジョン

日本語翻訳
モク・ジュンス

よくわかる 韓国語能力試験 TOPIK II 作文

2023 年 9 月 29 日　初版第 1 刷発行

著　者　　カン・ウンジョン
発行者　　藤嵜政子
発　行　　株式会社スリーエーネットワーク
　　　　　〒102-0083　東京都千代田区麹町 3 丁目 4 番
　　　　　　　　　　　トラスティ麹町ビル 2 F
　　　　　電話　営業　03 (5275) 2722
　　　　　　　　編集　03 (5275) 2725
　　　　　https://www.3anet.co.jp/
印　刷　　萩原印刷株式会社

よくわかる

韓国語能力試験

TOPIK Ⅱ

作　文

別冊 解答・解説

スリーエーネットワーク

《別冊》

PART 1　問題51

PART 2　問題52

PART 3　問題53

PART 4　問題54

模擬試験

 ステップ2：5分以内に書く

 予想問題（p.36〜p.40）

※ 次の文章の ㋐ と ㋑ に当てはまる言葉をそれぞれ書きなさい。

1.

| 掲示板 | | |

無料で差し上げます

私は会社の仕事で地方に引っ越すことになりました。それで（　㋐　）。
ベッド、机、食器などがありますが、宅配便で送るのが大変なので、
直接持って行ってもらわなければなりません（　㋑　）。私の連絡先は
010-1234-1234です。

〈解答例〉

㋐	・제가 가지고 있는 것들을 무료로 드리려고 합니다　私が持っているものを無料で差し上げたいと思っています ・가지고 있던 것을 정리하려고 합니다　持っていたものを片付けようと思っています ・짐을 정리하려고 합니다　荷物を整理しようと思っています
㋑	・관심이 있으신 분은 연락을 주십시오　興味のある方はご連絡ください ・필요하신 분은 연락을 주시기 바랍니다　必要な方はご連絡ください ・필요하신 분은 문자 메시지를 보내 주십시오（남겨 주십시오）　必要な方はショートメールを送ってください（残してください）

［減点及び誤答の例］
㋐ 誤答×：물건들을 팔려고 합니다（物を売ろうと思います）

2

➡ タイトルが「無料で差し上げます」なので、物を売るという内容は入らない。

減点△：물건을 드리려고 해요（物を差し上げようと思っています）

➡ 終結語尾が - 습니다 / ㅂ니다 なので、해요 ではなく 합니다 と書く。

ⓒ 減点△：관심이 있으신 분은 연락을 하세요（関心がある方は連絡しなさい）

➡ 第三者に連絡をするのではなく、自分に連絡をしてほしいという内容なので、（저에게）연락을 주세요.（（私に）連絡をください。）と書かなければならない。

2.

```
┌─────────────────────────────────────────────┐
│  ▭▭  掲示板  ▭▭   ▭▭▭                          │
├─────────────────────────────────────────────┤
│  景福宮の伝統文化体験プログラムに関するお問い合わせ   │
│                                               │
│ ソウルに住んでいる外国人です。私は景福宮の伝統文化体験プログラ │
│ ムに興味があります。韓国人の友達に尋ねてみたところ、このプログ │
│ ラムに申し込むには、まずサイトで会員登録を（ ⓞ ）。ところで、 │
│ 私は韓国語がまだ（ ⓒ ）？ それでも大丈夫でしたら、このプログ │
│ ラムを申し込みたいです。                         │
└─────────────────────────────────────────────┘
```

〈解答例〉

ⓞ	・해야 한다고 들었습니다（했습니다）　しなければならないと聞きました（言われました）
ⓒ	・서투른데 한국말을 못해도 신청할 수 있습니까（있을까요）　下手ですが、韓国語ができなくても申し込めますか
	・서투른데 한국말을 못해도 괜찮을까요（괜찮은지요）　下手ですが、韓国語ができなくても大丈夫ですか
	・서투른데 신청해도 됩니까（될까요）　下手ですが、申し込んでもいいですか

3

〔減点及び誤答の例〕

㉠ 誤答✕：해야 합니다（しなければなりません）
   ➡ "친구에게 물어보니까（友達に尋ねてみたところ）"という表現からもわかるように、他の人の言葉を伝えなければならない状況なので、間接話法の「-는다고/ㄴ다고/다고 하다（〜だという）」という表現を使わなければならない。

減点△：해야 한대요（しなければならないそうです）
   ➡ 問い合わせの内容なので、口語的な表現「-는/ㄴ대요」ではなく「-다고 합니다」を使わなければならない。

㉡ 誤答✕：못하는데 한국말을 신청할 수 있습니까（できませんが、韓国語を申し込めますか）
   ➡ 前に、한국말이（韓国語が）の助詞「이」があるので 못하다 が来ることはできない。
   ※「-을/를 못하다（〜ができない）」、「-이/가 서투르다（〜が下手だ）」

誤答✕：1급 수준입니다（1級レベルです）
   ➡ ㉡の後が「？」なので、疑問文の形が来なければならない。

減点△：서투른데 신청해도 돼요（下手ですが、申し込んでもいいですか）
   ➡ 終結語尾が「-습니다/ㅂ니다」なので、돼요 ではなく 됩니까 と書かなければならない。

3.

ㅇㅇㅇ　　　　　　　　　　　　　　　✉ E-mail

チョン・ジョングク先生へ
こんにちは。経営学科3年のジェームスです。明日先生をお尋ねするつもりでした。ところが、先生、（　㉠　）。本当に申し訳ございません。先生、恐れ入りますが、（　㉡　）？　ご返信お待ちしております。

ジェームスより

〈解答例〉

㉠	・제가 갑자기 일이 생겨서 교수님을 찾아뵙지 못할 것 같습니다　私が急に用事ができたので、先生のところにお伺いできなさそうです ・개인적인 사정으로 교수님과의 약속을 못 지킬 것 같습니다　個人的な事情で先生との約束を守れなさそうです
㉡	・다음 주에 찾아뵈어도 괜찮을까요　来週お伺いしてもよろしいでしょうか ・모레 찾아가도 될까요　明後日伺ってもよろしいでしょうか ・다음 주 월요일 시간 괜찮으십니까　来週の月曜日、お時間よろしいでしょうか ・다음에 찾아뵈어도 될까요　また今度お伺いしてもよろしいでしょうか ※文の中に未来を表す副詞の「다음 주 （来週）」「모레 （明後日）」などがなければならない。

［減点及び誤答の例］

㉠ 減点△：제가 갑자기 일이 생겨서 못 가요（私が急に用事ができたので行けません）

➡ 困った状況を説明するときには断定的に 못 가요（行けません）と表現するより「-을/ㄹ 것 같다（〜しそうだ）」を使ったほうがよい。

㉡ 誤答✕：다음 주에 찾아뵙고 싶습니다（来週お伺いしたいです）

➡ ㉡の後が「？」なので疑問文の形で書かなければならない。

4.

> ジミン、昨日僕のせいですごく腹が立ったよね。本当にごめん。
> 昨日のお昼までは約束を覚えていたんだけど、仕事で（　㋐　）。
> 約束を守れなくて本当にごめん。
> 来週の土曜か日曜で（　㋑　）?
> 僕は週末はいつでも大丈夫だよ。連絡待ってるね。

〈解答例〉

㋐	・바빠서 (정신이 없어서) 그만 깜빡 잊어버리고 말았어　忙しくて (バタバタしていて) ついうっかり忘れてしまったんだ ・바빠서 (정신이 없어서) 깜빡 잊어버렸어　忙しくてうっかり忘れてしまったよ ・바빠서 (정신이 없어서) 깜빡했어　忙しくてうっかりしちゃった ・너무 바빴어　とても忙しかったんだ
㋑	・언제 시간이 돼 (만날 수 있어)　いつ時間がある (会える) ・언제가 좋아 (괜찮아)　いつがいい (大丈夫)

[減点及び誤答の例]

㋐ 減点△：약속을 못 지켰어（約束を守れなかった）

　　➡ ㋐のすぐ後ろに「約束を守れなくて」という言葉が繰り返されるので、約束を守れなかった理由として、바빠서 잊어버렸다（忙しくて忘れてしまった）정신이 없어서 깜빡했다（バタバタしていて、うっかりしてしまった）などの内容が来たほうがよい。

㋑ 減点△：만나고 싶은데 만날 수 있어요（会いたいけど、会えますか）

　　➡ 終結語尾が「-어/아」なので「-어요/아요」で書くと減点になる。

5.

新年会にご招待いたします

　新しい年が始まりました。私ども学生会では新年を迎える記念行事
として1月に（　㋐　）。記憶に残る新年会となるよう、多様なイベン
トを準備いたしました。お忙しいとは思いますが、ぜひご参加いただ
けますと幸いです。円滑な行事進行のため、参加の可否を下記のメー
ルに（　㋑　）。

キム・ソクジン　拝
cooltopik@hangul.co.kr

〈解答例〉

㋐	・신년회를 하려고 합니다　新年会をしようと思います
	・신년회를 하고자 합니다　新年会を行いたいと思います
㋑	・답신을 주시기 바랍니다　ご返事いただければ幸いです
	・알려 주시기 바랍니다　お知らせいただければ幸いです
	・알려 주십시오　お知らせください

［減点及び誤答の例］

㋐　減点△ : 신년회를 합니다（新年会をします）
　　　➡ 新年会に招待するという目的を表すには「-으려고/려고 하다
　　　　（～しようと思う）」を使うのがより適切である。

　　減点△ : 신년회를 하려고 해요（新年会をしようと思います）
　　　➡ 終結語尾が「-습니다/ㅂ니다」なので「-어요/아요」で書く
　　　　と減点になる。

㋑　減点△ : 알려 주실 수 있을까요（教えていただけますか）
　　　➡ ㋑の後がピリオドで終わっているので疑問文の形は来ない。

　　誤答✕ : 정해 주십시오（決めてください）
　　　➡ ㋑の前の内容に"아래의 메일로（下記のメールに）"と書いて
　　　　あるので、参加できるかどうかを決めて知らせてほしいとい
　　　　う内容が入らなければならない。

6.

> キム・ナムジュン先生へ
>
> こんにちは、先生。
> パク・ジミンです。お忙しいところ推薦書を書いていただきあり
> がとうございます。
> 先生のおかげで（　㉠　）。それで、お伺いしてお礼を申し上げた
> く存じます。
> （　㉡　）？　ご都合のよろしい日時を教えてください。私はいつで
> も構いません。
>
> 　　　　　　　　　　　　　　　　　　　　　　　パク・ジミンより

〈解答例〉

㉠	・대학교 (대학원)에 입학할 수 있었습니다　大学（大学院）に入学することができました ・제가 원하는 회사에 입사할 수 있었습니다　私が希望していた会社に入社することができました ・장학금을 받을 수 있었습니다　奨学金を受けることができました
㉡	・교수님, 언제 시간이 되십니까　先生、いつごろお時間ございますか ・교수님, 언제 찾아뵈면 될까요　先生、いつ伺えばよろしいでしょうか

［減点及び誤答の例］

㉠　誤答✕：잘 지낼 수 있었습니다（元気に過ごせました）

　　　➡ ㉠ の前の内容に"추천서（推薦書）"とあるので、推薦書が必
　　　　要な状況を表す内容が必要。

㉡　減点△：교수님, 언제 찾아뵙면 될까요（文法的な間違い）

　　　➡ 찾아뵙다 と 찾아뵈다 はどちらも「お伺いする」という意味の
　　　　単語だが、活用のしかたが異なる。찾아뵙다 の語幹「뵙-」は

子音の語尾とのみ結合し、찾아뵈다 の語幹「뵈-」は母音の語
尾とのみ結合する。

（例）　（○）찾아뵙다 + -겠습니다
　　　　（×）찾아뵈다 + -겠습니다

7.

| 掲示板 | | |

言語交換（パートナー）を探します

こんにちは。私は韓国人、23歳、男性です。就職準備のため英語
を勉強していますが、（　㉠　）。私は韓国大学で韓国語を専攻し
ているので（　㉡　）。韓国文化に関心がおありで、韓国語を学び
たい方はご連絡ください。私の連絡先は010-1234-1234です。

〈解答例〉

㉠	・저와 언어 교환을 하실 분을 찾고 있습니다　私と言語交換をする方を探しています
㉡	・한국어 문법을 잘 가르쳐 드릴 수 있습니다　韓国語文法をうまく教えることができます ・한국어와 한국 문화에 대해서 잘 알려 드릴 수 있습니다　韓国語と韓国文化についてうまく教えることができます

［減点及び誤答の例］

㉠　減点△：나와 함께 언어 교환을 할 사람을 찾고 있습니다（私と一緒に言
　　　　語交換をする方を探しています）

　　　➡ 終結語尾が「-습니다/ㅂ니다」なので 나を主語として使うの
　　　　は不自然。相手を高めるために自分を低くする言葉である 저
　　　　を使わなければならない。

9

誤答× : 영어 말하기를 잘 못합니다. 영어를 잘하는 친구와 언어 교환을 하고 싶습니다（英語のスピーキングが苦手です。英語が上手な友達と言語交換をしたいです）

➡ 全体の内容に合った内容だが、1文で書く問題なので、2つ文を書くと0点になる。

ⓛ 誤答× : 한국말을 잘합니다（韓国語が上手です）

➡ この文を書いた人は韓国人なので、韓国語が上手なのは当然である。ⓛの前に"한국어를 전공하고 있어서（韓国語を専攻しているので）"とあるので、「韓国語をうまく教えられる」という内容が後ろに来るのが適切である。

減点△ : 한국어를 가르치는 것이 잘 압니다（韓国語を教えることがよくわかります）

➡ 意味は理解できるが、非常に不自然な文。

8.

掲示板

ボランティア募集

助けを必要としているところに一緒にボランティア活動に行きたいですか？ この度、我が語学堂ではボランティアを募集しようと思います。当校の語学堂の学生であれば（　㋐　）。申し込みを希望する方は（　ⓛ　）。申し込みはEメールでのみ受け付けます。

・募集期間：2025.1.5.~1.9.
・申し込み方法：語学堂ホームページからダウンロードした申込書を作成後、電子メールで受付（cooltopik@hangul.co.kr）

〈解答例〉

㋐	・누구든지 신청이 가능합니다　誰でも申し込みが可能です
	・아무나 신청할 수 있습니다　誰もが申し込むことができます

| ⓛ | ・이메일로 신청서를 보내 주시기 바랍니다 Eメールで申込書をお送りくださるようお願いします |

[減点及び誤答の例]

㋐ 減点△：아무도 신청할 수 있습니다 （誰も申請できます）

   ➡ 「아무나 （誰でも）」は肯定の意味を持つ述語と呼応するが、「아무도 （誰も）」は否定の意味を持つ述語と呼応する。

㋑ 誤答×：어학당 홈페이지에서 신청하시기 바랍니다 （語学堂のホームページからお申し込みくださるようお願いします）

   ➡ 「신청 방법 （申し込み方法）」で「語学堂のホームページでダウンロードできる申請書を作成後、電子メールで受付」と書いてあるので内容が合わない。

9.

○○○

| 件名 | 年末パーティー |

1組のみんな！ 2025年も思い出の中で終わりを迎えているね。一年が終わる前に（ ㋐ ）。温かい料理とワイン、面白い話が用意されているので、うちのクラスのメンバーみんなが参加してくれると嬉しいな。（ ㋑ ）？ その時間に参加できるかどうか連絡してね。

〈解答例〉

| ㋐ | ・반 친구들과 연말 파티를 하려고 해 クラスの友達と年末パーティーをしようと思ってるよ
・즐거운 연말 파티를 가지려고 해 楽しい年末パーティーをしようと思ってるよ
・송년회를 하려고 해 忘年会をしようと思ってるよ |

㉡	・12월 31일에 참석할 수 있어　12月31日に参加できる
	・12월 31일에 올 수 있니　12月31日に来られる
	・다음 주 금요일 어때(괜찮아)　来週の金曜日はどう

［減点及び誤答の例］

㉠ 減点△：우리 한번 만날까（私たち一度会おうか）
   ➡ 年末パーティーに招待する内容なので、「会おう」だけでは内容が不十分である。また、ピリオドで終わっているため、疑問文の形にはならない。

㉡ 誤答×：연말 파티에 올 수 있어（年末パーティーに来ることができる）
   ➡ ㉡の後の文に"그 시간（その時間）"があるので、特定の時間が書かれていなければならない。

10.

掲示板

マスク着用義務のご案内

こんにちは、お客様。
当店ではコロナウイルス感染防止のため、マスクを必ず（　㉠　）。
マスク未着用の場合、店舗利用が（　㉡　）。安全な環境維持のため、ご協力とご理解のほどお願いいたします。また、店舗に出入りする際に、お客様の住所、電話番号をご記入ください。個人情報は疫学調査にのみ利用され、4週間後に廃棄されます。

〈解答例〉

㉠	・착용해야 합니다(써야 합니다, 껴야 합니다)　着用しなければなりません（使わなければなりません、着けなければなりません）
	・해야 합니다　しなければなりません
㉡	・불가능합니다　不可能です

［減点及び誤答の例］

㋐ 減点△：착용합니다（着用します）

　➡ ㋐の前にある“반드시（必ず）”は「-어야/아야 하다（～な
ければならない）」と一緒に使われる副詞。

㋑ 誤答×：할 수 있습니다（することができます）

　➡ 意味的にも合わないが、㋑前の“매장 이용이”に助詞「이」
があるので「할 수 있습니다」は使えない。

　※「-을/를 하다（～をする）」、「-이/가 불가능하다（～が不可能だ）」

ステップ1：文の呼応関係を身につけよう❶

練習問題（p.44〜p.46）

1	ㄴ	2	ㄴ	3	ㄴ	4	ㄴ	5	ㄴ	6	ㄴ	7	ㄴ	8	ㄴ
9	ㄴ	10	ㄴ	11	ㄴ	12	ㄴ	13	ㄱ	14	ㄴ	15	ㄴ	16	ㄴ
17	ㄱ	18	ㄴ	19	ㄴ	20	ㄴ								

1. 食事を抜いて痩せるダイエットは健康に良くないため、＿＿＿＿＿＿＿。

□㉠ 適切な食事と運動をする。

☑㉡ 適切な食事と運動をしなければならない。

➡「-기 때문에（〜ため）」は「-어야/아야 한다（〜なければならない）」
と呼応する。

2. クレジットカードの長所は現金がなくても＿＿＿＿＿＿＿＿。

□㉠ 物が買える。

☑㉡ 物を買えるということだ。

➡「(장점)은/는」は「-는 것이다（〜ということだ）」と呼応する。

3. 何より気分が悪いのは＿＿＿＿＿＿＿＿。

□㉠ 信じていた友人が私の悪口を言った。

☑㉡ 信じていた友人が私の悪口を言ったということだ。

➡「(나쁜 것)은/는」は「-는 것이다」と呼応する。

4. 自分の考えを曖昧に話すと＿＿＿＿＿＿＿＿。

□㉠ 誤解が生じた。

☑㉡ 誤解が生じかねない。

➡ 「애매하게 이야기하면（曖昧に話すと）」と仮定しているので、後ろには
その仮定によって起こりうる可能性を表す「-을/ㄹ 수 있다（〜しかね
ない）」が来る。

5. 論理的な文を上手に書くためには＿＿＿＿＿＿＿＿＿＿。
□㉠ 幼い頃から本をたくさん読む。
☑㉡ 幼い頃から本をたくさん読んだほうがよい。
➡ 「-기 위해서는（〜するためには）」は「-는 것이 좋다/-는 것이 필요하다
（〜したほうがよい／〜することが必要だ）」「-어야/아야 한다（〜しな
ければならない）」と呼応する。

6. 人工知能ロボットが教師の代わりをすることになったら、＿＿＿＿＿＿。
□㉠ さまざまな問題が発生する。
☑㉡ さまざまな問題が発生するだろう。
➡ 「-는다면/ㄴ다면/다면（〜することになったら）」は「-을 것이다（〜だ
ろう）」「-고 싶다（〜したい）」などと呼応する。

7. 一人の力では大変でしょうが、一人一人の意識が変わるなら、＿＿＿＿＿。
□㉠ この世は十分に変わった。
☑㉡ この世は十分に変わりうる。
➡ 「一人一人の意識が変わるなら」と仮定しているので、後ろにはその仮定
によって起こりうる可能性を表す「-을/ㄹ 수 있다」が来る。

8. 社会生活をうまく送るには＿＿＿＿＿＿＿＿＿＿。
□㉠ 基本的に適切な距離を置く。
☑㉡ 基本的に適切な距離を置くことが必要である。
➡ 「-으려면/려면（〜するためには）」は「-이/가 필요하다（〜が必要だ）」、
「-어야/아야 한다（〜なければならない）」と呼応する。

9. 公共交通機関を利用することによって＿＿＿＿＿＿＿＿＿＿。
□㉠ 生活で支出される費用を減らす。
☑㉡ 生活で支出される費用を減らすことができる。

➡ 「-음/ㅁ으로써（〜することによって）」はある行動が手段や方法になる可能性がある場合に使う。公共交通機関の利用という行動が費用を削減できる方法であるため、空欄には 줄인다 という断定的な表現ではなく、「-을/ㄹ 수 있다（〜することができる）」が自然である。

10. 出前（フードデリバリー）の利用が増えることによって＿＿＿＿＿＿。

☐ ㉠ 使い捨てごみが減少した。

☑ ㉡ 使い捨てごみが増加している。

➡ 「-음/ㅁ으로써（〜することによって）」は前に来る言葉が後に来る言葉の理由になるときにも使う。「出前の利用が増えている」とあるので、後ろは「증가하고 있다（増加している）」となる。

11. 文法をたくさん知っているからといって、＿＿＿＿＿＿＿＿＿。

☐ ㉠ 話がうまい。

☑ ㉡ 話がうまいわけではない。

➡ 「-는다고/ㄴ다고/다고 해서（〜だからと言って）」は「-는 것은 아니다（〜であるわけではない）」と呼応する。

12. 経済が発展するにつれ＿＿＿＿＿＿＿＿＿。

☐ ㉠ 生活水準も悪くなった。

☑ ㉡ 生活水準も良くなった。

➡ 「-음/ㅁ에 따라（〜につれ）」は前の状況に応じた結果が後に出るときに使う。したがって、「経済が発展」という肯定的な状況なので、後ろにはそれに伴う良い結果が来る。

13. ウィーバー証券会社の予測が外れ続けていることにより、＿＿＿＿＿＿。

☑ ㉠ 顧客の不満が高まっている。

☐ ㉡ 投資しようとする顧客が増えている。

➡ 「予測が外れる」という否定的な状況のため、後ろにはそれに伴う悪い結果が来る。

14. 交通情報によれば＿＿＿＿＿＿＿＿＿＿＿。
□㉠ 午後から高速道路が渋滞するだろう。
☑㉡ 午後から高速道路が渋滞するそうだ。
➡ 「-에 의하면（〜によると）」は間接話法の「-는다고/ㄴ다고/다고 한다（〜
　だそうだ、〜だという）」と呼応する。

15. ヨガを続けていると、＿＿＿＿＿＿＿＿＿＿＿。
□㉠ 体がだんだん柔軟になった。
☑㉡ 体がだんだん柔軟になるだろう。
➡ 「-다가 보면（〜していると）」は「-을/ㄹ 것이다（〜するだろう）」と
　呼応する。

16. その政党が選挙で失敗した原因は＿＿＿＿＿＿＿＿＿＿＿。
□㉠ 国民の気持ちをうまく読めなかった。
☑㉡ 国民の気持ちをうまく読めなかったためである。
➡ 「까닭（原因）」は「-기 때문이다（〜ためだ）」と呼応する。

17. 最近ウイルス感染の問題で海外旅行は大きく減っているのに対し、
＿＿＿＿＿＿＿＿＿＿＿。
☑㉠ 国内旅行は増えている。
□㉡ 国内旅行も減っている。
➡ 「-는/ㄴ/은데 반해（〜であるのに対し／反して）」は相反する内容を書
　くときに使う。前には海外旅行が減っているという内容があるので、後
　ろには前と相反する内容が適切。

18. 大事なことだからこそ、＿＿＿＿＿＿＿＿＿＿＿。
□㉠ ミスをたくさんしてしまった。
☑㉡ ミスをしないように念入りに準備しなければならない。
➡ 「-으니/니만큼（〜だからこそ）」は前に来る言葉が後に来る言葉の原因
　や根拠になるときに使う。「-으니/니만큼」の「-으니/니」は「-으니
　까/니까（〜だから）」のことなので、「-어야/아야 하다（〜なければな

PART 2

問題
52

17

らない）」、「-으세요/세요（〜しなさい）」、「-읍시다/ㅂ시다（〜しましょ
う）」などと一緒に使う。

19. いくら良い薬だとしても、＿＿＿＿＿＿＿＿＿＿。

□㉠ 長い間何個も飲むと副作用が生じた。

☑㉡ 長い間何個も飲んだので副作用が生じるだろう。

➡「-는다고/ㄴ다고/다고 해도（〜だとしても）」は前の内容から予想でき
る結果と異なる内容が来るときに使う。

20. 両国の首脳が会っていたら＿＿＿＿＿＿＿＿＿＿。

□㉠ 歴史は変わった。

☑㉡ 歴史は変わっただろう。

➡「-었더라면/았더라면（〜だったら／〜していたら）」は「-었을/았을 것
이다（〜だっただろう）」と呼応する。

 ステップ2：**文の呼応関係を身につけよう❷**

 練習問題（p.47〜p.52）

1. 노후에는 노동의 기회가 줄어들기 때문에 젊었을 때 돈을 모아야 한다.
   老後は労働の機会が減るので、若いときにお金を貯めなければならない。

2. 무리한 운동을 하다가 다칠 수도 있기 때문에 자기에게 맞는 운동을 골라서
   해야 한다.
   無理（過度）な運動をして怪我をするかもしれないので、自分に合った
   運動を選んで行わなければならない。

3. 인터넷 쇼핑의 장점은 시간과 장소에 관계없이 할 수 있다는 점이다.
   オンラインショッピングの長所は時間と場所に関係なくすることができ
   るという点である。

4. 면접을 볼 때 무엇보다도 중요한 것은 자신감이 있는 태도이다.
   面接を受けるとき、何よりも重要なことは自信のある態度である。

5. 평균 수면 시간이 짧으면 면역력이 떨어질 수 있다.
   平均睡眠時間が短いと、免疫力が低下することがある。

6. 운동을 하면서 스트레스를 받으면 건강에 더 해로울 수 있다.
   運動をしながらストレスを受けると、健康にさらに有害になりかねない。

7. 장수하기 위해서는 소식하는 것이 좋다.
   長生きするためには少食がよい。

8. 치매를 예방하기 위해서는 보다 적극적인 대비와 관리가 필요하다.
   認知症を予防するためには、より積極的な準備と管理が必要である。

9. 시험 준비를 제대로 한다면 좋은 결과를 얻을 것이다.
   試験の準備をきちんとしているなら良い結果が得られるだろう。

10. 지구의 온도가 상승한다면 폭우, 폭염 등 기상 이변이 나타날 것이다.
    地球の温度が上昇すると、豪雨、猛暑などの気象の異変が現れるだろう。

11. 대화를 통해 서로 이해하려고 노력함으로써 세대 차이를 좁힐 수 있다.
    コミュニケーションを通じて理解し合おうと努力することで、世代の差を縮めることができる。

12. 여러 분야의 책을 읽음으로써 다양한 간접 경험을 할 수 있다.
    いろんな分野の本を読むことで、多様な間接経験ができる。

13. 한국 사람이라고 해서 한국어 문법을 제대로 아는 것은 아니다.
    韓国人だからといって韓国語の文法をきちんと知っているわけではない。

14. 싸다고 해서 질이 다 나쁜 것은 아니다.
安いからといって質が全部悪いわけではない。

15. 원유 가격이 폭등함에 따라 원자재 가격도 오르고 있다.
原油価格が高騰するにつれて、原材料価格も上昇している。

16. 일하는 여성이 늘어남에 따라 출산율도 낮아지고 있다.
働く女性が増えるにつれて、出産率も低くなっている。

17. 서울시 관계자에 의하면 내일부터 음주 단속을 실시한다고 한다.
ソウル市の関係者によると、明日から飲酒運転取り締まりを実施するという。

18. 신문 기사에 의하면 한국을 방문하는 일본 여행객이 50% 줄었다고 한다.
新聞記事によると、韓国を訪れる日本人旅行客が50%減ったという。

19. 어떤 일을 열심히 하다가 보면 그 분야의 전문가가 될 수 있다.
どんな仕事でも一生懸命すれば、その分野の専門家になれる。

20. 운동을 꾸준히 하다가 보면 체중이 줄어들고 건강도 좋아질 것이다(좋아질 수 있다).
運動を地道に続けると、体重が減って健康（状態）も良くなるだろう（良くなる可能性がある）。

21. 이번 프로젝트가 실패한 까닭은 팀원들 간의 의사소통이 잘 안 되었기 때문이다.
今回のプロジェクトが失敗した原因は、チームメンバー間のコミュニケーションがうまくいかなかったためである。

22. 경제 위기가 되풀이되는 까닭은 정부가 과거의 경제 상황을 살펴보지 않기 때문이다.

経済危機が繰り返される原因は、政府が過去の経済状況を注視していなかったためである。

23. 지하철은 빠르고 편해서 좋은 데 반해 출퇴근 시간에는 많은 사람들이 이용해서 불편하다.
地下鉄は速くて快適なので良い反面、通勤時間には多くの人が利用するため快適ではない。

24. 대도시 인구는 증가하는 데 반해 농어촌의 인구는 줄어들고 있다. / 증가한 데 반해 농어촌의 인구는 줄어들었다.
大都市の人口は増加しているのに対し、農漁村の人口は減少している。／増加したのに対し、農漁村の人口は減少した。

25. 소비자들의 눈이 높아졌으니만큼 상품에 차별화된 요소를 가지고 있어야 한다.
消費者の目が肥えてきたからこそ、商品に差別化の要素が含まれていなければならない。

26. 청소년들이 보는 영상이니만큼 유해한 장면은 피해야 한다.
青少年が見る映像であるだけに、有害なシーンは避けなければならない。

27. 인공 지능이 아무리 뛰어나다고 해도 인간을 뛰어넘을 수 없다.
人工知能がいくら優れていると言っても、人間を超えることはできない。

28. 평소 건강하다고 해도 잘 관리하지 않으면 건강이 나빠질 것이다.
普段元気だと言っても、しっかり管理しないと健康（状態）は悪くなるだろう。

29. 어렸을 때부터 영어 조기 교육을 했더라면 지금보다 훨씬 영어를 잘했을 것이다.
幼いときから英語の早期教育をしていたなら、今よりずっと英語が上手だっ

ただろう。

30. 시간 관리를 제대로 했더라면 지금처럼 시간에 쫓기지 않았을 것이다.

時間管理をきちんとしていたなら、今のように時間に追われなかっただ
ろう。

 ステップ3：接続語を覚えよう

練習問題（p.54〜p.55）

1. 그런데
夏休みはどうだった？ ＿＿＿＿＿＿＿＿＿＿。（あなた）私が頼んだ本持っ
てきた？
➡ 話題転換を表す「그런데（ところで）」が適切。

2. 그래서
1カ月間休まずに仕事をしていた。＿＿＿＿＿＿＿＿＿病気になったようだ。
➡ 理由を表す「그래서（それで）」が適切。文語的な内容ではないので「그
러므로（そのため）」は不自然。

3. 그러나, 그렇지만, 하지만, 그런데
電車の中には妊婦のための配慮席が設置されている。＿＿＿＿＿＿＿＿＿＿
妊婦ではない人々がたくさん座っているのが見られる。
➡ 前の内容が後ろの内容と相反しているので、空欄には「그러나（しかし）、
그렇지만（ところが）、하지만（けれども）、그런데（それでも）」などが適
切。

4. 그러나, 그렇지만, 하지만, 그런데
私たちの周辺にはチョコレート、キャンディー、ヨーグルトなど砂糖がたく
さん入っている食べ物が多い。＿＿＿＿＿＿＿＿＿このような食べ物にだ
け砂糖がたくさん入っているわけではない。

22

➡ 前の内容が後ろの内容と相反している。

5. 그러나, 그렇지만, 하지만, 그런데
テレビは目の健康に悪いだけでなく、記憶力や学習にも悪影響を及ぼす。
＿＿＿＿＿＿＿＿＿＿＿＿テレビが私たちに悪い影響だけを及ぼすわけではない。
➡ 前の内容が後ろの内容と相反している。

6. 그래도
私たちのダンスサークルに入ってください。ダンスが苦手でしょうか？ ＿
＿＿＿＿＿＿＿＿＿＿心配しないでください。基礎からゆっくり教えます。
➡ サークルに加入するにはダンスが上手でなければならないようだが、ダンスが苦手でも（踊れなくても）基礎から教えると述べているので、譲歩を表す「그래도（それでも）」が適切。

7. 그러므로, 따라서, 그래서
ゲームをたくさんすると精神健康に良くない。＿＿＿＿＿＿＿＿＿＿＿私たちはゲームをする時間を決めておいてからしなければならない。
➡ 「ゲームをする時間を決めてからしなければならない」という理由や根拠が前の文にあるので、「그러므로（そのため）、따라서（したがって）、그래서（それで）」などが適切。

8. 그러므로, 따라서, 그래서
あなたを作ったのは自分自身である。＿＿＿＿＿＿＿＿＿あなたを変えるのも自分自身でなければならない。
➡ 「あなたを変えるのも自分自身でなければならない」という理由や根拠が前の文にある。

9. 그러므로, 따라서, 그래서
悪質なコメントが絶えないのは処罰が厳しくないからである。＿＿＿＿＿＿
＿＿＿＿＿悪質なコメントによる被害を防ぐためには、確実に処罰することによって戒めていかなければならない。

➡ 「確実に処罰することによって戒めていかなければならない」という理由
や根拠が前の文にある。

10. 그뿐만 아니라, 게다가

YouTube は無料で動画が視聴できる。＿＿＿＿＿＿＿＿＿＿＿＿ YouTube のコ
メントを通じて情報を共有しコミュニケーションをとることができる。
➡ YouTube の長所を前後の文で述べているので、空欄には前の文の内容を
付け加えるときに使う「그뿐만 아니라 (それだけでなく)、게다가 (しかも)」
などが適切。

 ステップ４：**終結語尾（한다体）を覚えよう**

練習問題 （p.59）

	-는다/ㄴ다/다		-는다/ㄴ다/다
(形) 쉬워요 簡単です	쉽다	(形) 싫어요 したいです	싶다
(形) 어렵지 않아요 難しくないです	어렵지 않다	(動) 하면 돼요 すればいいです	하면 된다
(形) 없어요 ありません	없다	(動) 몰라요 わかりません	모른다
(形) 힘들어요 大変です	힘들다	(形) 뛰어나요 優れています	뛰어나다
(動) 가지 않아요 行きません	가지 않는다	(形) 좋아요 いいです	좋다
(形) 나아요 <ruby>勝<rt>まさ</rt></ruby>っています	낫다	(動) 달라져요 変わります	달라진다
(形) 필요해요 必要です	필요하다	(動) 싶어해요 したがっています	싶어한다

(形) 중요해요 重要です	중요하다	(動) 조사해요 調べます	조사한다
(動) 알아요 知っています	안다	(動) 나타나요 現れます	나타난다
(形) 있어요 あります	있다	(形) 달라요 異なっています	다르다
(動) 바라요 願います	바란다	(動) 생각해요 思います	생각한다
(動) 해야 해요 しなければなりません	해야 한다	(動) 느껴져요 感じられます	느껴진다
(形) 빨라요 早いです	빠르다	(動) 좋아해요 好きです	좋아한다
(動) (돈이) 들어요 (お金が) かかります	(돈이) 든다	(動) 나와요 出てきます	나온다
(形) 유명해요 有名です	유명하다	(形) 가능해요 可能です	가능하다
(形) 궁금해요 気になります	궁금하다	(形) 감사해요 ありがとうございます	감사하다

(動)：動詞　(形)：形容詞

 ステップ5：5分以内に書く

 予想問題 （p.62〜p.66）

※ 次の文章の ㉠ と ㉡ に当てはまる言葉をそれぞれ書きなさい。

1.

> 　電子書籍が持っている長所は少なくない。まず（　㋐　）。一方、紙の本は分厚い本を数冊カバンに入れて持ち歩いただけでも肩や腕が痛い。その次に（　㋑　）。紙の本は営業時間に合わせて書店に行って本を購入しなければならないため時間に縛られる。

〈解答例〉

㋐	・전자책은 가벼워서 가지고 다니기가 편하다　電子書籍は軽いので、持ち運ぶのが楽だ ・전자책은 가지고 다니기가 편하다　電子書籍は持ち運ぶのが楽だ ・전자책은 가볍다　電子書籍は軽い
㋑	・전자책은 언제 어디서나 쉽게 구매할 수 있다　電子書籍はいつでもどこでも簡単に購入できる ・전자책은 쉽게 살 수 있다　電子書籍は簡単に買える

2.

> 　運動はいつするのが私たちの体に一番良いだろうか？　朝は簡単なストレッチやゆっくりとした速度で歩くのがよい。だが、朝（　㋐　）。なぜなら、急に行う筋肉運動やきつい運動は一日中疲労感を与えるためである。しかし、午後、夕方になると運動するのに適したコンディション（体調）に変わる。したがって（　㋑　）。

〈解答例〉

㋐	・강한(심한) 근육 운동은 금물이다　強い（激しい）筋肉運動は禁物である ・심한 운동은 안 하는 것이 좋다　激しい運動はしないほうがよい
㋑	・가벼운 운동은 오전에, 힘든 운동은 오후에 하는 것이 좋다　軽い運動は午前中に、きつい運動は午後にしたほうがよい

・근육 운동은 저녁에 하는 것이 좋다　筋肉運動は夕方にしたほうがよい

3.

コーヒーはカフェイン成分のため、気持ちをスッキリさせるのに役立つ。しかし、コーヒーを眠る前に飲むと（　㋐　）。なぜなら寝ている間もしばしば脳を覚醒させるからである。したがって、普段から睡眠に問題を感じているなら（　㋑　）。

〈解答例〉

㋐	・숙면을 취할 수 없다　熟睡できない
	・수면에 방해가 된다　睡眠の妨げになる
㋑	・카페인 섭취를 줄이거나 가급적 오전에 마시는 것이 좋다　カフェインの摂取を減らすか、なるべく午前中に飲んだほうがよい
	・가급적 잠들기 몇 시간 전에는 카페인이 든 음료는 피하는 것이 좋다　なるべく寝る数時間前はカフェイン入りの飲み物は避けたほうがよい
	・커피를 마시지 않는 것이 좋다　コーヒーを飲まないほうがよい

4.

国ごとに身体言語（ボディランゲージ）を表す方法には違いがある。目上の人に叱られるとき、アメリカは（　㋐　）。なぜなら相手の目を見ないとその人の言葉に集中していない（聞いていない）と考えるからである。一方、韓国は（　㋑　）。相手の目をじっと見ると目上の人の言っていることに反抗していると考える。

〈解答例〉

㋐	・상대방의 눈을 똑바로 쳐다본다　相手の目をまっすぐ見つめる
	・윗사람의 눈을 본다　目上の人の目を見る

㉡	・윗사람이 말을 할 때 눈을 똑바로 보지 않는다　目上の人が話すときに目をまっすぐ見ない ・상대방의 눈을 보지 않는다　相手の目を見ない

5.

> 　自己紹介書を書くときに最も重要なのは、自分の強みと弱点が何かを正確に把握していなければならないことだ。ところが、自己紹介書を書いてみると、自らどんな役割が与えられても、すべてのことを上手くこなせる人のように描写してしまう。しかし、人というのは（　㉠　）。したがって、自己紹介書を書くときは志願者の強みだけ書くのではなく、弱点を率直に書くのだが、（　㉡　）。

〈解答例〉

㉠	・강점만 가지고 있는 것이 아니다　強みだけを持っているのではない ・제각기 강점과 약점이 있다　それぞれ強みと弱点がある
㉡	・약점을 해결하기 위해서 어떠한 노력을 했는지를 쓰는 것이 좋다　弱点を解決するためにどのような努力をしてきたかを書いたほうがよい ・약점을 어떻게 극복했는지를 쓰는 것이 좋다　弱点をどう克服したかを書いたほうがよい

6.

> 　一般的に性格に影響を及ぼす要因として大きく二つのことがある。（　㉠　）。これは自分の両親から受け継いだもので、一生変わらない。もう一つは（　㉡　）。これは周囲の環境によって性格が変わる。したがって、人間は生きていく中で先天的要因と後天的要因によって絶えず影響を受けるため、人間が持っている性格は非常に多様で複雑である。

〈解答例〉

㉠	・하나는 선천적으로 타고나는 것이다　一つは先天的に持って生まれるものである ・하나는 선천적 요인이다　一つは先天的な要因である
㉡	・후천적으로 형성되는 것이다　後天的に形成されるものである ・후천적 요인이다　後天的な要因である

7.

PART 2

問題
52

　過去の電話は通話の機能だけを持っていたが、今は情報通信技術が発達するにつれ、ゲーム、ショートメール、ビデオ通話、インターネットなどが可能になっている。例えばインターネットを利用して（　㉠　）。しかし、情報通信の発達は（　㉡　）。情報の量が多くなるにつれ、必要な情報を探すことが困難になり、いろいろな形のサイバー犯罪も数多く増えている。

〈解答例〉

㉠	・멀리 있는 친구와 게임을 함께 할 수 있고 얼굴을 보면서 대화를 나눌 수 있게 되었다　遠くにいる友達とゲームを一緒にすることができ、顔を見ながら話ができるようになった ・멀리 있는 친구와 함께 다양한 것을 즐길 수 있게 되었다　遠くにいる友達と一緒にさまざまなことが楽しめるようになった ・멀리 떨어져 있는 사람들과 많은 것을 공유할 수 있게 되었다　遠く離れている人々と多くのことを共有できるようになった
㉡	・우리에게 편리함만을 주는 것은 아니다　我々に便利さだけを与えるのではない ・우리에게 긍정적인 영향만을 주는 것은 아니다　我々に肯定的な影響だけを与えるのではない

8.

> 「安いのはおから入りの餅だ」という言葉がある。安い物は品質が悪いという意味だ。それで実際、人々は（　㋐　）。なぜなら価格が安いのは良くない材料を使うだろうと思っているからである。しかし（　㋑　）。値段が安い物の中にもその値段以上の値打ちがある場合が多々ある。

〈解答例〉

㋐	・너무 저렴한 제품은 사려고 하지 않는다　あまりにも安い商品は買おうとしない
	・너무 싼 물건은 사지 않는다　あまりにも安い物は買わない
㋑	・값이 싸다고 해서 다 품질이 나쁜 것은 아니다　値段が安いからといって、すべて品質が悪いわけではない
	・물건 값이 저렴하다고 해서 질이 다 떨어지는 것은 아니다　物の値段が安いからといって、すべて品質が落ちるわけではない

9.

> 勉強するとき、音楽を聴くと邪魔になると思う人もいれば（　㋐　）。研究結果によると、音楽が非常にうるさかったり、歌詞があったりすると勉強の邪魔になるという。一方で、歌詞があっても音楽が静かであれば勉強に集中するのに役立つという。したがって、音楽を聴きながら勉強するときは（　㋑　）。

〈解答例〉

㋐	・음악을 들으면 집중이 잘 된다고 생각하는 사람들도 있다　音楽を聴くと集中できると考える人もいる
㋑	・음악 선택을 잘 하는 것이 좋다　音楽の選択をうまくしたほうがよい
	・음악 선택을 잘 해야 한다　音楽の選択をちゃんとしなければならない

10.

困難な問題に直面したとき、それに対する私たちの態度は大きく二つである。一つは（　㋐　）。もう一つは自分が問題を直接解決するよりは、自分より問題解決が上手な人を通じて問題を解決することである。ところが研究調査によると、自ら問題を解決する人が成功する可能性が高いという。一方で、（　㋑　）。故に、どんなことでも、時間が長くかかるとしても自ら悩みながら問題を解決していったほうがよい。

〈解答例〉

㋐	・시간이 오래 걸리더라도 문제를 자신이 직접 해결하는 것이다　長く時間がかかっても自分で問題を解決することである ・자신이 스스로 문제를 해결하는 것이다　自分で問題を解決することである
㋑	・다른 사람을 통해 문제를 해결하는 사람은 성공할 가능성이 낮다고 한다　他人を通じて問題を解決する人は成功する可能性が低いという ・다른 사람에 의해 문제를 해결하려는 사람은 성공하기가 힘들다고 한다　他人によって問題を解決しようとする人は成功するのが難しいという

PART 3　問題53

 ステップ2：グラフを分析して書く

1　2つの視点を比較する

 練習問題（p.72～p.73）

1.

肺がん発生率
（単位：人）
31万
5万1千
2010年　　2020年

조사 결과를 살펴보면 2010년에 5만 1천 명, 2020년에 31만 명으로 10년 만에 약 6배 증가한 것으로 (늘어난 것으로) 나타났다.

調査結果を見ると、2010年に5万1千人、2020年に31万人と、10年で約6倍増加したことが（増えたことが）わかった。

【別解】10년 동안 크게（대폭）：10年間で大きく（大幅に）

2.

韓国の大学卒業者創業率
（単位：件）
8,200
4,000
2014年　　2018年

조사 결과를 살펴보면 2014년에 4,000건, 2018년에 8,200건으로 4년 만에 약 2배 증가한 것으로 (늘어난 것으로) 나타났다.

調査結果を見ると、2014年に4,000件、2018年に8,200件と、4年で約2倍増加したことが（増えたことが）わかった。

【別解】4년 동안 크게（대폭）：4年間で大きく（大幅に）

3.

1人当たりの米消費量
（単位：kg）
75.8
1.2倍減少
65.0
2008年　2017年

調査結果を見ると 2008년에 75.8kg, 2017년에 65.0kg으로 9년 만에 1.2배 감소한 것으로（줄어든 것으로）나타났다.

調査結果を見ると、2008年に75.8kg、2017年に65.0kgと、9年で1.2倍減少したことが（減ったことが）わかった。

【別解】9년 동안 소폭：9年間で小幅に（少し）

4.

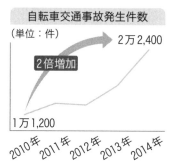

自転車交通事故発生件数
（単位：件）
2万2,400
2倍増加
1万1,200
2010年　2011年　2012年　2013年　2014年

調査結果を見ると 2010년에 1만 1,200건, 2014년에 2만 2,400건으로 4년 만에 약 2배 증가한 것으로（늘어난 것으로）나타났다.

調査結果を見ると、2010年に1万1200件、2014年に2万2400件と、4年で約2倍増加したことが（増えたことが）わかった。

【別解】4년 동안 꾸준히：4年間で着実に

5.

電動キックボードシェアサービス利用者
（単位：人）
214,451
ユーザー数
6倍増加
37,294
2019年4月　2020年3月

調査結果を見ると 2019년 4월에 37,294명, 2020년 3월에 214,451명으로 1년 만에 사용자 수가 약 6배 증가한 것으로（늘어난 것으로）나타났다.

調査結果を見ると、2019年4月に37,294人、2020年3月に214,451人と、1年でユーザー数が約6倍増加したことが（増えたことが）わかった。

2 3つの視点を比較する

練習問題（p.75〜p.77）

1.

전자책 구독률을 살펴보면 2010 년에 17.7% 에서 2015 년에는 20.9%, 2020 년에는 88.6% 로 10 년 만에 (동안) 약 5 배 증가한 것으로 (상승한 것으로) 나타났다.

電子書籍の購読率を見ると、2010年に17.7%で、2015年には20.9%、2020年には88.6%と、10年で（間で）約5倍増加したことが（上昇したことが）わかった。

2.

연도별 충치 환자 증가율을 살펴보면 2012 년에 860 만 명에서 2014 년에는 1,300 만 명, 2016 년에는 1,400 만 명으로 4 년 만에 약 1.6 배 증가한 것으로 나타났다.

年度別の虫歯患者の増加率を見ると、2012年に860万人で、2014年には1300万人、2016年には1400万人と、4年で約1.6倍増加したことがわかった。

【別解】4년 동안 지속적으로 상승한 것으로 : 4年間持続的に上昇したことが

4년 동안 꾸준히 늘어난 것으로 : 4年間着実に増えたことが

3.

年度別映画観客（動員）数
（単位：人）

21,700
21,600
21,300

2010年　2015年　2020年

연도별 영화 관객 수를 살펴보면 2010년에 21,300명에서 2015년에 21,700명으로 증가하다가 2020년에는 21,600명으로 감소하였다.

年度別の映画観客数を見ると、2010年に21,300人で、2015年に21,700人に増加したが、2020年には21,600人に減少した。

4.

1人放送の開設者数
（単位：人）

4,100
3,500
2,100

2016年　2017年　2018年

1인 방송 개설자 수를 살펴보면 2016년에 2,100명에서, 2017년에 4,100명으로 증가하다가 2018년에는 3,500명으로 감소하였다.

1人放送の開設者数を見ると、2016年に2100人で、2017年に4100人に増加したが、2018年には3500人に減少した。

5.

外国人留学生数
（単位：人）

12,000
10,000
9,000　8,800

2017年　2018年　2019年　2020年

외국인 유학생 수를 살펴보면 2017년에 9,000명에서 2018년에 8,800명으로 감소하였다. 그러나 2019년에 12,000명으로 증가했다가 2020년에는 10,000명으로 다시 감소하였다.

外国人留学生数を見ると、2017年に9,000人で、2018年に8,800人に減少した。しかし、2019年に12,000人に増加し、2020年には10,000人と再び減少した。

【問3〜5の別解】줄어든 것으로(떨어진 것으로) 나타났다：減ったことが（下落したことが）わかった

3 2つの項目を比較する

練習問題（p.79〜p.80）

1.

伝統市場と大型スーパーの売上高
（単位：ウォン）

大型スーパー

伝統市場

30兆

24兆

34兆

10兆

2008年　　　　　　2018年

전통 시장과 대형 마트 매출액을 살펴보면 전통 시장의 경우 2008년에 30조 원, 2018년에 10조 원으로 크게 감소한 반면 대형 마트는 2008년에 24조 원, 2018년에 34조 원으로 지속적으로 증가하였다.

伝統市場と大型スーパーの売上高を見ると、伝統市場の場合、2008年に30兆ウォン、2018年に10兆ウォンと大幅に減少した一方、大型スーパーは2008年に24兆ウォン、2018年に34兆ウォンと持続的に増加した。

2.

消費者が好む決済手段
（単位：％）

現金

クレジットカード

63

55

33

44

2013年 2014年 2015年 2016年

소비자들이 선호하는 결제 수단을 살펴보면 카드의 경우 2013년에 33%, 2016년에 55%로 지속적으로 증가한 반면 현금은 2013년에 63%, 2016년에 44%로 크게（대폭）감소하였다.

消費者が好む決済手段を見ると、カードの場合、2013年に33％、2016年に55％と持続的に増加した一方、現金は2013年に63％、2016年に44％と大きく（大幅に）減少した。

3.

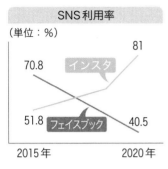

SNS 이용률을 살펴보면 인스타의 경우 2015 년에 51.8%, 2020 년에 81%로 이용률이 지속적으로 증가한 반면 페이스북은 2015 년에 70.8%, 2020 년에 40.5%로 크게(대폭) 감소하였다.

SNS の利用率を見ると、インスタの場合、2015 年に 51.8%、2020 年に 81% と利用率が持続的に増加した一方、フェイスブックは 2015 年に 70.8%、2020 年に 40.5% と大きく（大幅に）減少した。

4.

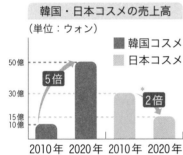

*半分に減少という意味

한국 화장품과 일본 화장품의 매출액을 살펴보면 한국 화장품의 경우 2010 년 10 억원, 2020 년에 50 억 원으로 5배 증가한 반면, 일본 화장품은 2010 년에 30 억 원, 2020 년 15 억 원으로 2배 감소하였다.

韓国コスメと日本コスメの売上高を見ると、韓国コスメの場合、2010 年 10 億ウォン、2020 年に 50 億ウォンと 5 倍増加した一方、日本コスメは 2010 年に 30 億ウォン、2020 年 15 億ウォンと 2 倍減少した。

5.

国産車・輸入車の販売率
（単位：%）
国産車
輸入車

80
72
55
22

2015年　2020年　2015年　2020年

국산차와 수입차 판매율을 살펴보면 국산차는 2015년에 80%, 2020년에 72%로 소폭 감소한 반면 수입차는 2015년에 22%, 2020년에 55%로 크게(대폭) 증가하였다.

国産車と輸入車の販売率を見ると、国産車は2015年に80%、2020年に72%と少し減少した一方、輸入車は2015年に22%、2020年に55%と大きく（大幅に）増加した。

④ ある期間において複数の項目を比較する

練習問題（p.82～p.83）

1.

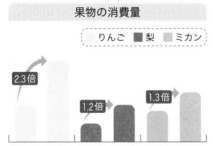

果物の消費量
りんご　梨　ミカン

2.3倍

1.2倍

1.3倍

2015年　2019年　2015年　2019年　2015年　2019年

과일 소비량을 살펴보면 4년간 사과는 2.3배, 배는 1.2배, 감귤은 1.3배 늘어난 것으로 나타났으며 사과가 가장 높은 증가율을 보였다.

果物の消費量を見ると、4年間でリンゴは2.3倍、梨は1.2倍、ミカンは1.3倍増えたことがわかり、リンゴが最も高い増加率を示した。

2.

公共交通機関の利用率

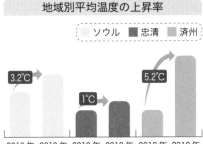

대중교통 이용률을 살펴보면 10년 간 버스는 2배, 지하철은 3배, 택시는 1.4배 늘어난 것으로 나타났으며 지하철이 가장 높은 증가율을 보였다.

公共交通機関の利用率を見ると、10年間でバスは2倍、地下鉄は3倍、タクシーは1.4倍増えたことがわかり、地下鉄が最も高い伸び率を示した。

PART 3

問題 53

3.

地域別平均温度の上昇率

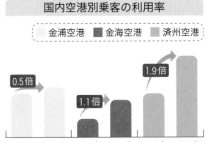

지역별 평균 온도 상승률을 살펴보면 9년 간 서울은 3.2도, 충청은 1도, 제주는 5.2도 올라간 것으로 나타났으며 제주가 가장 높은 상승률을 보였다.

地域別平均温度の上昇率を見ると、9年間でソウルは3.2度、忠清は1度、済州は5.2度上昇したことがわかり、済州が最も高い上昇率を示した。

4.

国内空港別乗客の利用率

金浦空港　金海空港　済州空港

0.5倍　1.1倍　1.9倍

2015年 2019年 2015年 2019年 2015年 2019年

국내 공항별 승객 이용률을 살펴보면 4년 간 김포 공항은 0.5배, 김해 공항은 1.1배, 제주 공항은 1.9배 증가한 것으로 나타났으며 제주 공항이 가장 높은 증가율을 보였다.

国内の空港別乗客利用率を見ると、4年間で金浦空港は0.5倍、金海空港は1.1倍、済州空港は1.9倍増加したことがわかり、済州空港が最も高い増加率を示した。

5.

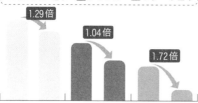

企業別スマートフォンの占有率

サムスン電子　■ アップル　■ ファーウェイ

1.29倍

1.04倍

1.72倍

2014年 2018年　2014年 2018年　2014年 2018年

기업별 스마트폰 점유율을 살펴보면 4년 간 삼성전자는 1.29배, 애플은 1.04배, 화웨이는 1.72배 감소한 것으로 나타났으며 애플이 가장 낮은 감소율을 보였다.

企業別スマートフォン占有率を見ると、4年間でサムスン電子は1.29倍、アップルは1.04倍、ファーウェイは1.72倍減少したことがわかり、アップルが最も低い減少率を示した。

5 調査機関、調査対象について書く

練習問題 （p.85）

1.

ボランティア活動をするか？

・調査機関：行政安全部
・調査対象：20～30代の男女100人

행정안전부에서 2,30대 남녀 100명을 대상으로 '자원봉사를 하겠는가?'에 대해 조사하였다.

行政安全部で20～30代の男女100人を対象に「ボランティア活動をするか」について調査した。

2.

選びたい企業は？

・調査機関：雇用部
・調査対象：20歳以上の男女500人

고용부에서 20세 이상 남녀 500명을 대상으로 '선호하는 기업'에 대해 조사하였다.

雇用部で20歳以上の男女500人を対象に「選びたい企業」について調査した。

3.

> 自己啓発をしているか？

・調査機関：統計庁
・調査対象：20歳以上の男女500人

통계청에서 20세 이상 남녀 500명을 대상으로 '자기 계발을 하고 있는가?' 에 대해 조사하였다.

統計庁で20歳以上の男女500人を対象に「自己啓発をしているか」について調査した。

4.

> 朝ごはんをきちんと食べているか？

・調査機関：韓国カラップ研究所
・調査対象：男女1,000人

한국캘럽연구소에서 남녀 1,000명을 대상으로 '아침을 챙겨 먹는가?'에 대해 조사하였다.

韓国カラップ研究所で男女1,000人を対象に「朝ごはんをきちんと食べているか」について調査した。

5.

> 育児休暇を取ったことがあるか？

・査機関：行政安全部
・調査対象：既婚男女300人

행정안전부에서 기혼 남녀 300명을 대상으로 '육아 휴직을 사용해 본 적이 있는가?'에 대해 조사하였다.

行政安全部で既婚男女300人を対象に「育児休暇を取ったことがあるか」について調査した。

6 調査項目の回答内容を分析する

練習問題 (p.87〜p.89)

1.

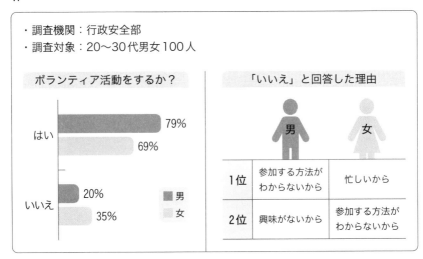

・調査機関：行政安全部
・調査対象：20〜30代男女100人

ボランティア活動をするか？

| はい | 79% |
| | 69% |

| いいえ | 20% |
| | 35% |

■ 男
□ 女

「いいえ」と回答した理由

| 男 | | 女 |

| 1位 | 参加する方法が わからないから | 忙しいから |
| 2位 | 興味がないから | 参加する方法が わからないから |

ユ 결과 '그렇다'라고 응답한 남자는 79%, 여자는 69%였다. '아니다'라고 응답한 남자는 20%, 여자는 35%였다. '아니다'라고 응답한 이유에 대해 남자는 '어떻게 참여하는지 몰라서', 여자는 '바빠서'라고 응답한 경우가 가장 많았다. 이어 남자는 '흥미가 없어서', 여자는 '어떻게 참여하는지 몰라서'라고 응답하였다.

その結果、「はい」と回答した男性は79%、女性は69%であった。「いいえ」と回答した男性は20%、女性は35%であった。「いいえ」と回答した理由について、男性は「参加する方法がわからないから」、女性は「忙しいから」と回答したケースが最も多かった。次いで、男性は「興味がないから」、女性は「参加する方法がわからないから」と回答した。

42

2.

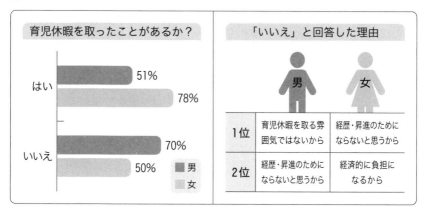

그 결과 '그렇다'라고 응답한 남자는 51%, 여자는 78%였다. '아니다'라고 응답한 남자는 70%, 여자는 50%였다. '아니다'라고 응답한 이유에 대해 남자는 '육아 휴직을 사용할 분위기가 아니어서', 여자는 '경력·승진에 도움이 안될 것 같아서'라고 응답한 경우가 가장 많았다. 이어 남자는 '경력·승진에 도움이 안될 것 같아서', 여자는 '경제적으로 부담이 되어서'라고 응답하였다.

その結果、「はい」と回答した男性は51%、女性は78%であった。「いいえ」と回答した男性は70%、女性は50%であった。「いいえ」と回答した理由について、男性は「育児休暇を取る雰囲気ではないから」、女性は「経歴・昇進のためにならないと思うから」と回答したケースが最も多かった。次いで、男性は「経歴・昇進のためにならないと思うから」、女性は「経済的に負担になるから」と回答した。

3.

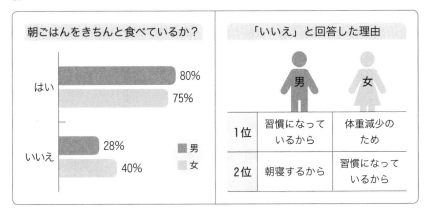

그 결과 '그렇다'라고 응답한 남자는 80%, 여자는 75%였다. '아니다'라고 응답한 남자는 28%, 여자는 40%였다. '아니다'라고 응답한 이유에 대해 남자는 '습관이 되어서', 여자는 '체중 감소를 위해서'라고 응답한 경우가 가장 많았다. 이어 남자는 '늦잠을 자서', 여자는 '습관이 되어서'라고 응답하였다.

その結果、「はい」と回答した男性は80%、女性は75%であった。「いいえ」と回答した男性は28%、女性は40%であった。「いいえ」と回答した理由について、男性は「習慣になっているから」、女性は「体重減少のため」と回答したケースが最も多かった。次いで、男性は「朝寝するから」、女性は「習慣になっているから」と回答した。

4.

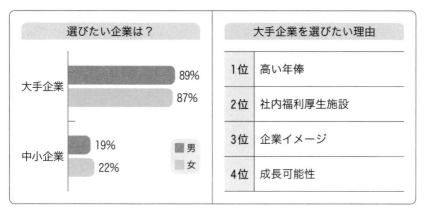

選びたい企業は？	大手企業を選びたい理由	
	1位	高い年俸
	2位	社内福利厚生施設
	3位	企業イメージ
	4位	成長可能性

그 결과 '대기업'이라고 응답한 남자는 89%, 여자는 87%였다. '중소기업'이라고 응답한 남자는 19%, 여자는 22%였다. 대기업을 선호하는 이유에 대해 1위가 '높은 연봉(옆봉이 높아서)', 2위가 '사내 복지 시설(사내 복지 시설이 좋아서)'이라고 응답하였다. 이어 '기업 이미지(기업 이미지가 좋아서)'와 '성장 가능성(성장 가능성이 있어서)'이라고 응답하였다.

その結果、「大手企業」と回答した男性は89%、女性は87%であった。「中小企業」と回答した男性は19%、女性は22%であった。大手企業を選びたい理由について、1位が「高い年俸（年俸が高いから）」、2位が「社内福利厚生施設（社内福利厚生施設が良いから）」と回答した。次いで、「企業イメージ（企業イメージが良いから）」と「成長可能性（成長可能性があるから）」と回答した。

5.

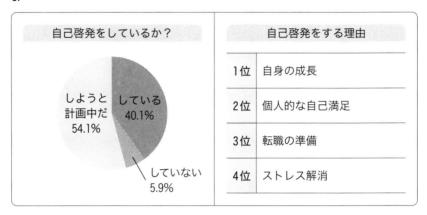

그 결과 '하려고 계획 중이다'가 54.1%, '하고 있다'가 40.1%, '하고 있지 않다'가 5.9%였다. 자기 계발을 하는 이유에 대해 1위가 '자기 발전', 2위가 '개인적인 자기 만족'이라고 응답하였다. 이어 '이직 준비', '스트레스 해소'라고 응답하였다.

その結果、「しようと計画中だ」が54.1%、「している」が40.1%、「していない」が5.9%であった。自己啓発をする理由について、1位が「自身の成長」、2位が「個人的な自己満足」と回答した。次いで、「転職の準備」、「ストレス解消」と回答した。

7 理由に関する内容について書く

練習問題（p.91）

1.

英語の私教育増加の原因

・さまざまな交流の機会が多い
・就職に有利である

이와 같이 증가한 원인은 영어를 배우면 다양한 교류의 기회가 많이 생기고 취업에 유리하기 때문인 것으로 보인다.

このように増加した原因は、英語を習うと、さまざまな交流の機会が多くなり、就職に有利だからだと思われる。

【別解】다음과 같다. 첫째, 영어를 배우면 다양한 교류의 기회가 많이 생긴다. 둘째, 영어를 잘하면 취업에 유리하다.

次の通りである。第一に、英語を学ぶとさまざまな交流の機会が多くなる。第二に、英語が上手だと就職に有利だ。

2.

青少年の自殺急増の原因

・成績ストレス
・学校でのいじめ

이와 같이 급증한 원인은 청소년들의 성적 스트레스와 학교 내 따돌림 때문인 것으로 보인다.

このように急増した原因は、青少年の成績ストレスと学校でのいじめのためだと思われる。

PART 3

問題53

3.

外国人観光客の再訪問 減少の理由

・外国人観光客への法外な料金
　（ぼったくり料金）
・不親切な態度

이와 같이 감소한 이유는 외국인 관광객들에게 바가지 요금을 씌우고 불친절하게 대하기 때문인 것으로 보인다.

このように減少した理由は、外国人観光客に法外な料金を吹っ掛け、不親切な対応をするためだと思われる。

【別解】이러한 감소의 원인은 다음과 같다. 첫째, 외국인 관광객들에게 바가지 요금을 씌우기 때문이다. 둘째, 외국인에게 불친절하게 대함으로써 외국인 관광객들의 재방문이 감소한 것으로 보인다.

このような減少の原因は次の通りである。第一に、外国人観光客に法外な料金を吹っ掛けるからである。第二に、外国人に不親切な対応をすることで、外国人観光客の再訪が減少したと思われる。

4.

孤独死増加の理由

・家族や隣人との交流断絶
・経済的な困難

이와 같이 증가한 이유는 가족이나 이웃과의 교류가 단절되고 경제적인 어려움을 겪기 때문인 것으로 보인다.

このように増加した理由は、家族や隣人との交流が断絶され、経済的な困難に直面しているためだと思われる。

5.

映画館観客数減少の原因

・映画館以外のさまざまなプラットフォームの増加
・映画以外の多様な余暇活動

이와 같이 감소한 원인은 극장 이외의 다양한 플랫폼이 증가하였고 영화 이외의 다양한 여가 활동이 생겼기 때문인 것으로 보인다.

このように減少した原因は、映画館以外の多様なプラットフォームが増加し、映画以外の多様な余暇活動が出てきたためだと思われる。

【別解】 이러한 증가의 원인은 다음과 같다. 첫째, 극장 이외의 다양한 플랫폼에서 영화를 볼 수 있게 되었다. 둘째, 영화 이외의 다양한 여가 활동이 생기고 있기 때문이다.

このような増加の原因は次の通りである。第一に、映画館以外のさまざまなプラットフォームで映画を見ることができるようになった。第二に、映画以外の多様な余暇活動が出てきたためである。

48

8 期待（展望）に関する内容について書く

 練習問題（p.92～p.93）

1.

展望	単身世帯　810万世帯 （2045年）

이러한 영향이 계속된다면 2045년에는 1인 가구가 810만 가구에 이를 것으로 전망된다.

このような影響が続けば、2045年には単身世帯が810万世帯に達すると見込まれる。

2.

期待	電気自動車の普及 250,000台 （2055年）

이러한 영향이 계속된다면 2055년에는 전기차 보급이 250,000대에 이를 것으로 기대(전망)된다.

このような影響が続けば、2055年には電気自動車の普及が250,000台に達すると期待される（見込まれる）。

3.

期待	リサイクル産業市場 40兆ウォン （2030年）

이러한 영향이 계속된다면 2030년에는 재활용 산업 시장이 40조 원에 이를 것으로 기대(전망)된다.

このような影響が続けば、2030年にはリサイクル産業の市場が40兆ウォンに達すると期待される（見込まれる）。

4.

| 展望 | 男性の育児休暇(取得)者
5万人
(2035年) |

이러한 영향이 계속된다면 2035년에는 남성 육아 휴직자가 5만 명에 이를 것으로 기대(전망)된다.

このような影響が続けば、2035年には男性の育児休暇（取得）者が5万人に達すると期待される（見込まれる）。

5.

| 展望 | オンラインショッピング
売上高　56.2%
(2024年) |

이러한 영향이 계속된다면 2024년에는 온라인 쇼핑 매출액이 56.2%에 이를 것으로 기대(전망)된다.

このような影響が続けば、2024年にはオンラインショッピングの売上高が56.2%に達すると期待されている（見込まれている）。

ステップ3：10分以内に書く

予想問題（p.97〜p.101）

1. 次を参考にして「肺がん発生率」に関する文章を200〜300字で書きなさい。

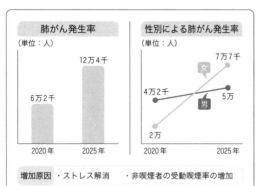

肺がん発生率	性別による肺がん発生率
（単位：人）	（単位：人）

書く順番：肺がん発生率
　　　　　→性別ごとの肺がん
　　　　　　発生率
　　　　　→原因

使う表現：2倍　少し（大幅
　　　　　に）増加する／
　　　　　〜するためと思わ
　　　　　れる

増加原因　・ストレス解消　　・非喫煙者の受動喫煙率の増加

PART 3

問題53

	폐	암		발	생	률	에		대	해		조	사	한		결	과		20
20	년	에		6	만		2	천		명	,	20	25	년	에		12	만	
4	천		명	으	로		5	년		만	에		약		2	배		증	가
한		것	으	로		나	타	났	다	.		성	별	에		따	른		폐 암
발	생	률	은		남	자	의		경	우		20	20	년	에		4	만	
2	천		명	,	20	25	년	에		5	만		명	으	로		소	폭	
증	가	한		반	면	,		여	자	는		20	20	년	에		2	만	명,
20	25	년	에		7	만		4	천		명	으	로		대	폭		증	가
하	였	다	.		이	와		같	이		폐	암		발	생	률	이		증 가
한		원	인	은		다	음	과		같	다	.		첫	째	,		스	트 레 스
를		해	소	하	기		위	한		방	법		중	의		하	나	로	
담	배	를		피	우	는		사	람	이		많	다	.		둘	째	,		흡 연
자	보	다		비	흡	연	자	의		간	접		흡	연	율	이		증	가

100

200

51

하	고		있	기		때	문	이	다	.									

　肺がん発生率について調査した結果、2020年に6万2千人、2025年に12万4千人と、5年で約2倍増加したことがわかった。性別による肺がん発生率は男性の場合、2020年に4万2千人、2025年に5万人と少し増加した一方、女性は2020年に2万人、2025年に7万4千人と大幅に増加した。このように肺がん発生率が増加した原因は次の通りである。第一に、ストレスを解消するための方法の一つとしてタバコを吸う人が多い。第二に、喫煙者より非喫煙者の受動喫煙率が増加しているためである。

2. 次を参考にして「電動キックボード事故の現況」に関する文章を200〜300字で書きなさい。

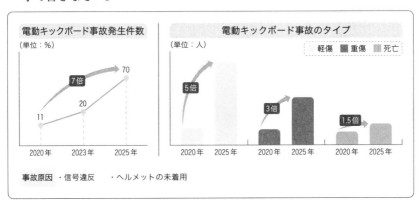

書く順番：電動キックボード事故の発生件数→電動キックボード事故のタイプ→原因

使う表現：7倍増加する（増える）／最も高い増加率を示す／〜からである（〜ためである）

	전	동		킥	보	드		사	고		현	황	에		대	해		조	사
한		결	과	,	20	20	년	에		11	%	에	서		20	23	년	에	는
20	%	,		20	25	년	에	는		70	%	로		5	년		만	에	약
7	배		증	가	한		것	으	로		나	타	났	다	.	전	동		킥

보드 사고 유형을 살펴보면 5년 간

가벼운 부상은 5배, 중상은 3배, 사망

은 1.5배 늘어난 것으로 나타났으며,

가벼운 부상이 가장 높은 증가율을 보

였다. 이와 같이 전동 킥보드 사고가

발생하는 원인은 신호를 위반해서 사고

가 나거나 안전모를 착용하지 않았기

때문인 것으로 보인다.

電動キックボード事故の現況について調査した結果、2020年に11%で、2023年には20%、2025年には70%と、5年で約7倍増加したことがわかった。電動キックボード事故のタイプを見ると、5年間で軽い負傷は5倍、重傷は3倍、死亡は1.5倍増えたことがわかり、軽い負傷が最も高い増加率を見せた。このように電動キックボードの事故が発生する原因は、信号を無視して事故が起きたり、ヘルメットを着用しなかったりしたためと思われる。

3. 次を参考にして「成人の読書率」に関する文章を200〜300字で書きなさい。

・調査機関：統計庁
・調査対象：20歳以上の男女500人

成人読書率
(単位：%)

81
50
17.7
2010年　2015年　2020年

紙の本、電子書籍の利用率
(単位：%)

70.5
50.5
68
紙の本
39.5
電子書籍
20
18.5
2010年　2015年　2020年

紙の本を好んで選ぶ理由　・読みやすい　・電子書籍よりも親しみがある

書く順番：年間読書率
→紙の本、電子書籍
　の利用率
→理由

使う表現：4倍増加する／
　　　　　　減少し〜増加する

	통	계	청	에	서		20	세		이	상		남	녀		5	00	명	을
대	상	으	로			'	성	인		독	서	율	'	에		대	해		조	사
하	였	다	.		그		결	과		20	10	년	에		17	.7	%	에	서	,
20	15	년	에	는		50	%	,		20	20	년	에	는		81	%	로		10
년		동	안		약		4	배		정	도		증	가	한		것	으	로
나	타	났	다	.		종	이	책	,		전	자	책	의		이	용	률	을		살
펴	보	면			종	이	책	의		경	우		20	10	년	에		70	.5	%
에	서		20	15	년		39	.5	%	로		감	소	하	다	가		20	20
년	에		68	%	로		증	가	하	였	다	.		전	자	책	은		20	10
년	에		20	%	에	서		20	15	년		50	.5	%	로		증	가	하
다	가		20	20	년	에	는		18	.5	%	로		감	소	하	였	다	.
이	와		같	이		종	이	책	을		더		선	호	하	는		이	유
는		보	기	가		편	리	하	고		전	자	책	보	다		더		친
숙	하	기		때	문	인		것	으	로		보	인	다	.

100

200

300

統計庁で20歳以上の男女500人を対象に「成人の読書率」について調査した。その結果、2010年に17.7％で、2015年には50％、2020年には81％と、10年間で約4倍程度増加したことがわかった。紙の本、電子書籍の利用率を見ると、紙の本の場合、2010年に70.5％で、2015年に39.5％と減少したが、2020年に68％と増加した。電子書籍は2010年に20％で、2015年50.5％と増加したが、2020年には18.5％と減少した。このように紙の本をより好んで選ぶ理由は、読みやすく、電子書籍より親しみがあるためと思われる。

4. 次を参考にして「韓国に再訪するか」に関する文章を200〜300字で書きなさい。

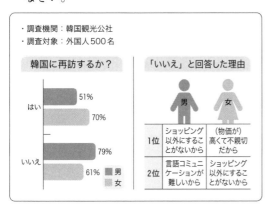

※問4〜10は「書く順番」「使う表現」の解答例はありません。

한	국	관	광	공	사	에	서		외	국	인	을		5	00	명	을
대	상	으	로		'	한	국	에		재	방	문	하	겠	는	가	?	'	에
대	해		조	사	하	였	다	.		그		결	과		'	그	렇	다	'	라
고		응	답	한		남	자	는		51	%	,		여	자	는		70	%	였
다	.		'	아	니	다	'	라	고		응	답	한		남	자	는		79	%,
여	자	는		61	%	였	다	.		이	들	이		'	아	니	다	'	라	고
응	답	한		이	유	는		남	자	는		'	쇼	핑		이	외	에
할		것	이		없	어	서	'	,		여	자	는		'	비	싸	고		불
친	절	해	서	'	라	고		응	답	한		경	우	가		많	았	다	.

100

이어		남	자	는		'	언	어		소	통	이		힘	들	어	서	',
여	자	는		'	쇼	핑		이	외	에		할		것	이		없	어	서'
라	고		응	답	하	였	다	.									

200

　韓国観光公社で外国人500人を対象に「韓国に再訪するか?」について調査した。その結果、「はい」と回答した男性は51%、女性は70%であった。「いいえ」と回答した男性は79%、女性は61%であった。彼らが「いいえ」と回答した理由は、男性は「ショッピング以外にすることがないから」、女性は「(物価が)高くて不親切だから」と回答したケースが多かった。次いで、男性は「言語コミュニケーションが難しいから」、女性は「ショッピング以外にすることがないから」と回答した。

5. 次を参考にして「運動習慣」に関する文章を200～300字で書きなさい。

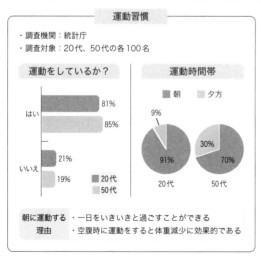

	통	계	청	에	서		20	대	,	50	대		각		1	00	명	을
대	상	으	로		운	동		습	관	에		대	해		조	사	하	였	다 .
그		결	과		'	운	동	을		하	는	가	?	'	에		대	한
질	문	에		'	그	렇	다	'	라	고		응	답	한		20	대	는
81	%	,	50	대	는		85	%	였	다 .		'	아	니	다	'		라	고
응	답	한		20	대	는		21	%	,	50	대	는		19	%	였	다 .
운	동		시	간	대	에		대	해	서	는		20	대	의		경	우
'	아	침	'	이		91	%	,		'	저	녁	'	이		9	%	였	고 ,
50	대	의		경	우	는		'	아	침	'	이		70	%	,		'	저	녁 '
이		30	%	인		것	으	로		나	타	났	다 .	이	와		같	이
저	녁	보	다		아	침	에		운	동	을		하	는		이	유	는
아	침	에		운	동	을		하	면		하	루	를		활	기	차	게
보	낼		수		있	을		뿐	만		아	니	라		공	복		상	태
에		운	동	을		하	면		체	중		감	소	에	도		효	과	적
이	기		때	문	이	다 .												

統計庁で20代、50代の各100人を対象に運動習慣について調査した。その結果、「運動をしているか？」に対する質問に「はい」と回答した20代は81％、50代は85％であった。「いいえ」と回答した20代は21％、50代は19％であった。運動時間帯については20代の場合「朝」が91％、「夕方」が9％で、50代の場合は「朝」が70％、「夕方」が30％であることがわかった。このように夕方より朝に運動をする理由は、朝に運動をすると、一日をいきいきと過ごすことができるだけでなく、空腹状態で運動をすると、体重減少にも効果的なためである。

6. 次を参考にして「国内化粧品市場の変化」に関する文章を200〜300字で書きなさい。

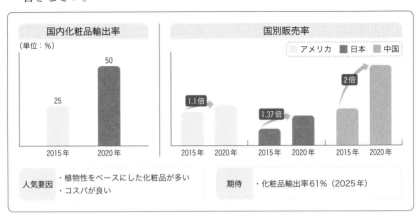

	国	内		화	장	품		시	장		변	화	에		대	해		조	사	
한		결	과		국	내		화	장	품		수	출	률	은		20	15	년	
에		25	%	,	20	20	년		50	%	로		5	년		만	에		약	
2	배		증	가	한		것	으	로		나	타	났	다	.		나	라	별	
판	매	율	을		살	펴	보	면		미	국	은		1	.1	배	,		일	본	100
은		1.	37	배	,		중	국	은		2	배		증	가	한		것	으	로	
나	타	났	으	며		중	국	이		가	장		높	은		증	가	율	을	
보	였	다	.		이	와		같	이		국	내		화	장	품	이		인	기	
가		있	는		이	유	는		식	물	성	을		기	반	으	로		한	
화	장	품	이		대	부	분	이	고	,		가	성	비	도		좋	기		때	200
문	이	다	.		이	러	한		영	향	이		계	속	된	다	면		20	25	
년	에	는		화	장	품		수	출	률	이		61	%	에		이	를		
것	으	로		기	대	된	다	.													
																				300

国内化粧品市場の変化について調査した結果、国内化粧品の輸出率は2015年に25%、2020年に50%と、5年で約2倍増加したことがわかった。国別販売率を見ると、アメリカは1.1倍、日本は1.37倍、中国は2倍増加したことがわかり、中国が最も高い増加率を示した。このように国内化粧品が人気のある理由は植物性をベースにした化粧品がほとんどで、コスパも良いためである。このような影響が続けば、2025年には化粧品輸出率が61%に達するものと期待される。

7. 次を参考にして「地球の気温変化」に関する文章を200〜300字で書きなさい。

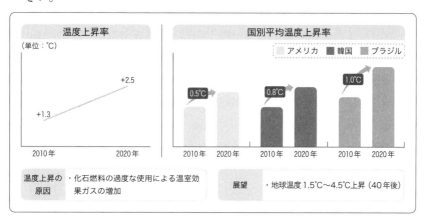

	지	구	의		기	온		변	화	에		대	해		조	사	한		결
과		20	10	년	에		1	.3	도	,	20	20	년	에		2	.5	도	로
10	년		동	안		약		1	도		정	도		증	가	한		것	으
로		나	타	났	다	.	나	라	별		평	균		온	도		상	승	률
을		살	펴	보	면		미	국	은		0	.5	도	,	한	국	은		0
.8	도	,		브	라	질	은		1	도		증	가	한		것	으	로		나
타	났	으	며		브	라	질	이		가	장		높	은		상	승	률	을
보	였	다	.	이	와		같	이		온	도	가		상	승	한		원	인

100

은		화	석		연	료	의		과	도	한		사	용	으	로		인	해	
온	실		가	스	가		증	가	했	기		때	문	이	다	.		이	러	한
영	향	이		계	속	된	다	면		40	년		후	에	는			지	구	
온	도	가		1	.5	도	에	서			4	.5	도	로			상	승	할		전
망	이	다	.																	

(200 / 300 마스 표시)

地球の気温変化について調査した結果、2010年に1.3度、2020年に2.5度と、10年間で約1度程度増加したことがわかった。国別の平均温度上昇率を見ると、アメリカは0.5度、韓国は0.8度、ブラジルは1度増加したことがわかり、ブラジルが最も高い上昇率を示した。このように温度が上昇した原因は化石燃料の過度な使用により温室効果ガスが増加したためである。このような影響が続くと、40年後には地球温度が1.5度から4.5度に上昇する見通しである。

8. 次を参考にして「出前の利用度」に関する文章を200〜300字で書きなさい。

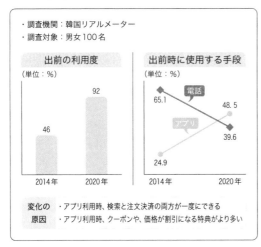

- 調査機関：韓国リアルメーター
- 調査対象：男女100名

出前の利用度
（単位：％）

92
46

2014年　2020年

出前時に使用する手段
（単位：％）

電話
65.1　48.5

アプリ
39.6
24.9

2014年　2020年

変化の原因
- アプリ利用時、検索と注文決済の両方が一度にできる
- アプリ利用時、クーポンや、価格が割引になる特典がより多い

|한|국|리|얼|미|터|에|서| |남|녀| |1|00|명|을| |대|상|
|으|로| |배|달| |이|용|도|에| |대|해| |조|사|하|였|다|.|
|그| |결|과| |20|14|년|에| |는| |46|%|,| |20|20|년|에|는|
92	%	로		6	년		동	안		거	의		2	배		증	가	한
것	으	로		나	타	났	다	.		배	달		시		사	용	하	는		매
체	는		전	화	의		경	우		20	14	년	에		65	.1	%	,		20
20	년	에	는		39	.6	%	로		6	년		동	안		약		2	배
감	소	한		반	면		앱	은		20	14	년	에		24	.9	%	,		20
20	년	에		48	.5	%	로		거	의		2	배		증	가	하	였	다	.
이	와		같	이		변	화	한		원	인	은		앱	을		이	용	하
면		검	색	,		주	문	,		결	제	를		모	두		한		꺼	번	에
할		수		있	고		전	화	를		이	용	할		때	보	다		쿠
폰	이	나		가	격		할	인		혜	택	이		더		많	기		때
문	이	다	.															

韓国リアルメーターで男女100人を対象に出前の利用度について調査した。その結果、2014年には46%、2020年には92%と、6年間でほぼ2倍増加したことがわかった。出前時に使用する手段は、電話の場合は2014年に65.1%、2020年には39.6%と6年間で約2倍減少した一方、アプリは2014年に24.9%、2020年に48.5%とほぼ2倍増加した。このように変化した原因はアプリを利用すれば、検索、注文、決済をすべて一度に行うことができ、電話を利用するときよりもクーポンや価格が割引になる特典がより多いためである。

9. 次を参考にして「ダイエットをする必要があるか」に関する文章を200〜300字で書いてください。

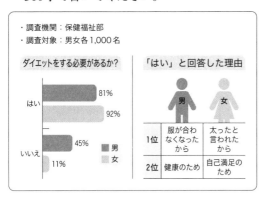

- ・調査機関：保健福祉部
- ・調査対象：男女各1,000名

ダイエットをする必要があるか?

はい	81% (男) / 92% (女)
いいえ	45% (男) / 11% (女)

■ 男　□ 女

「はい」と回答した理由

	男	女
1位	服が合わなくなったから	太ったと言われたから
2位	健康のため	自己満足のため

	보	건	복	지	부	에	서		남	녀		각		10	00	명	을		대
상	으	로		'	다	이	어	트	를		해	야		하	는	가	?	'	에
대	해		조	사	하	였	다	.		그		결	과		'	그	렇	다	'	라
고		응	답	한		남	자	는		81	%	,		여	자	는		92	%	였
다	.		'	아	니	다	'	라	고		응	답	한		남	자	는		45	%,
여	자	는		11	%	였	다	.		'	그	렇	다	'	라	고		응	답	한
이	유	에		대	해		남	자	는		'	옷	이		맞	지		않	아
서	'	,		여	자	는		'	살	쪘	다	는		소	리	를		들	어	서'
라	고		응	답	한		경	우	가		가	장		많	았	다	.		이	어
남	자	는		'	건	강	을		위	해	서	'	,		여	자	는		'	자
기		만	족	을		위	해	서	'	라	고		응	답	하	였	다	.	

保健福祉部で男女各1000人を対象に「ダイエットをする必要があるか」について調査した。その結果、「はい」と回答した男性は81%、女性は92%であった。「いいえ」と回答した男性は45%、女性は11%であった。「はい」と回答した理由について、男性は「服が合わなくなったから」、女性は「太ったと言われたから」と回答したケースが最も多かった。次いで、男性は「健康のため」、女性は「自己満足のため」と回答した。

10. 次を参考にして「オンライン授業に満足しているか」に関する文章を200〜300字で書きなさい。

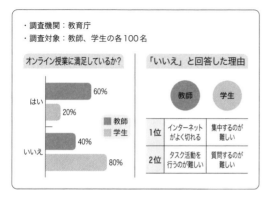

	교	육	청	에	서		교	사	,	학	생		각		1	00	명	을	
대	상	으	로		'	온	라	인		수	업	에		만	족	하	는	가	?'
에		대	해		조	사	하	였	다	.		그		결	과		'	그	렇 다'
라	고		응	답	한		교	사	는		60	%	,		학	생	은		20 %
였	다	.	'	아	니	다	'	라	고		응	답	한		교	사	는		40
%	,	학	생	은		80	%	였	다	.		'	아	니	다	'	라	고	응
답	한		이	유	에		대	해		교	사	는		'	인	터	넷	이	
자	주		끊	겨	서	'	,		학	생	은		'	집	중	하	기	가	힘
들	어	서	'	라	고		응	답	한		경	우	가		가	장		많 았
다	.	이	어		교	사	는		'	과	제		활	동	하	기	가		힘

100

200

들어서', 학생은 '질문하기가 힘들어서'
라고 응답하였다.

　教育庁で教師、学生の各100人を対象に「オンライン授業に満足しているか？」について調査した。その結果、「はい」と回答した教師は60%、学生は20%であった。「いいえ」と回答した教師は40%、学生は80%であった。「いいえ」と回答した理由について教師は「インターネットがよく切れるから」、学生は「集中するのが難しいから」と回答したケースが最も多かった。次いで、教師は「タスク活動を行うのが難しいから」、学生は「質問するのが難しいから」と回答した。

ステップ2：アウトラインを作る

 練習問題（p.116～p.121）

1.

競争という言葉は市場経済体制の中で生きていく私たちにとって非常に身近な言葉である。現在、私たちの日常生活で使われている携帯電話、テレビや医療技術の発達はすべて競争が生んだ産物である。しかしながら、競争が私たちに肯定的な影響だけを与えるわけではない。以下の内容を中心に競争についてあなたの意見を書きなさい。

・現代社会で競争が激しくなる理由は何か？

・競争が及ぼす肯定的な影響は何か？

・競争が及ぼす否定的な影響は何か？

Outline

序論：경쟁이 심해지는 이유（競争が激しくなる理由）

◆ 현대 사회는 소위 치열한 무한 경쟁 사회라고 할 수 있다.（現代社会はいわゆる熾烈な無限競争社会といえる。）

+ 입시 경쟁, 취업 경쟁 등 태어나면서부터 경쟁은 우리의 일상 속에서 끊임없이 일어나고 있다.（入試競争、就職競争など、生まれたときから競争は私たちの日常の中で常に起きている。）

◆ 사회적 기회나 자원은 제한되어 있고 이를 얻고자 하는 사람들은 증가하고 있다.（社会的機会や資源は限られていて、それを得ようとする人々は増加している。）

本論：긍정적인 영향（肯定的な影響）

◆ 실제로 우리 사회에서 살아가려면 무한한 노력을 끊임없이 해야 하는데 경쟁은 그 노력을 야기하기 때문에 삶의 원동력이라도 할 수 있

だ.（実際に韓国社会で生きていくためには無限の努力を絶え間な
くしなければならないが、競争はその努力を引き起こすため、人生
の原動力ともいえる。）

　　+경쟁이 필요 없는 복지가 풍족한 사회라면 단순히 아무 생각없이 놀
　　고 먹을 것이다.（競争の必要のない福祉が豊かな社会なら、ただ
　　何も考えずに遊んで暮らすだろう。）

◆ 무엇을 하든 오래 반복하는 것은 대부분 매너리즘에 빠진다. 그럴 때
경쟁자에게 자극을 받는 것은 큰 도움이 된다.（何事も、長く繰り返
すとほとんどマンネリズムに陥る。そのとき、ライバルに刺激を受
けるのは大きな助けになる。）

　　+경쟁자의 새로운 시도나 성공에 자극을 받아 끊임없이 자신에게 동
　　기 부여를 하는 것은 경쟁을 즐기는 좋은 방법이다.（ライバルの新
　　しい試みや成功に刺激を受け、絶えず自分に動機付けをしていく
　　ことは、競争を楽しむ良い方法である。）

結論：부정적인 영향（否定的な影響）

◆ 경쟁이 너무 지나치면 문제가 된다. 지나친 경쟁은 부패를 일으킬 수
있다.（競争が行き過ぎると問題になる。過度な競争は腐敗を引き
起こしかねない。）

　　+무한 경쟁 사회에서 경쟁은 끊임없는 노력으로 인한 발전을 가져올
　　수 있지만 너무 과한 경쟁은 사회적 손실을 낳을 수 있기 때문에 너
　　무 과한 경쟁은 피해야 할 것이다.（無限競争社会で競争は絶え間
　　ない努力による発展をもたらすこともあるが、過度な競争は社会
　　的損失を生む恐れがあるため、過度な競争は避けなければならな
　　いだろう。）

2.

　歴史上最も古い論争の一つが死刑制度である。罪人は当然罪を償わなけれ
ばならないという立場と死刑制度が犯罪予防に役立たないという意見が対立
している。これについて以下の内容を中心にあなたの意見を書きなさい。
・死刑制度がなぜ必要なのか？

・死刑制度の問題点は何か？

・死刑制度に賛成か、反対か？ 根拠を挙げてあたの意見を書きなさい。

🔖 Outline

序論：◆큰 죄를 저지르게 되면 그에 맞는 무거운 처벌을 받는 것은 어느 나라이든 크게 다르지 않을 것이다. 특히 다른 사람의 생명을 빼앗을 경우에는 사형이라는 무거운 형벌을 받게 된다. (大罪を犯すと、それ相応の重い処罰を受けることはどの国でも大きな違いはないだろう。特に、他人の命を奪った場合には死刑という重い刑罰を受けることになる。)

本論：왜 필요한가? (なぜ必要なのか？)

◆사형 제도는 범죄를 예방할 수 있다. (死刑制度は犯罪を予防することができる。)

+사형은 생명을 박탈하는 극형으로 일반인에게 겁을 주어 범죄 억제 효과가 크다. (死刑は命を剥奪する極刑であり、一般の人に恐怖を与えるため、犯罪抑制効果が大きい。)

◆살인이나 유괴 등의 흉악 범죄자의 생명을 박탈하는 것은 사회적 정의이다. (殺人や誘拐などの凶悪犯罪者の命を奪うことは社会的正義だ。)

문제점 (問題点)

◆사형 제도와 범죄 감소율의 연관성을 찾기가 어렵다. (死刑制度と犯罪減少率の関連性を見つけることは難しい。)

+미국의 경우 사형 제도를 유지하고 있는 전체 주의 인구 10만 명당 살인 발생 건수는 4.6명인데 반해 사형 제도를 폐지한 주의 인구 10만 명당 살인 발생 건수는 2.9명으로 오히려 낮다. (アメリカの場合、死刑制度を維持しているすべての州の人口10万人当たりの殺人発生件数は4.6人であるのに対し、死刑制度を廃止している州の人口10万人当たりの殺人発生件数は2.9人で、むしろ少ない。)

◆국가가 사람의 생명을 뺏을 권리는 없다. (国家が人の命を奪う権利はない。)

+범죄자도 인권이 있다. 만약 사형을 집행한 후 진짜 범인이 나타나

面 다시 되돌릴 수 없다. (犯罪者にも人権がある。もし死刑を執
行した後、真犯人が現れたら、再び元に戻すことはできない。)

結論：입장（立場：賛成か反対か）

　◆사형 제도를 실시하는 것은 적절하지 않다. (死刑制度を実施するこ
とは適切ではない。)

　　+사형은 권력자 등에 의해 남용되고 악용될 수 있다. (死刑は権力者
などによって乱用され、悪用される可能性がある。)

　　+오판의 가능성이 있다. (誤審の可能性がある。)

3.

　世界的にモバイル機器の使用時間が急速に増加するにつれ、歩行中のモバ
イル機器利用時に発生する事故の問題も急浮上している。そのため、歩行中
にスマートフォンを使用することを規制しなければならないという意見が大
きくなっている。「歩行中のスマートフォン使用禁止法」についてあなたの
意見を書きなさい。

・歩行中のスマートフォン使用禁止法がなぜ必要なのか？

・歩行中のスマートフォン使用禁止法による問題点は何か？

・法律の制定以外に他の対案として何があるのか？

Outline

序論：　◆전화, 문자 메시지 전송뿐만 아니라 인터넷 이용까지 스마트폰은 일
상에서 떼어낼 수 없는 존재이다. (電話、ショートメールの送信だ
けでなくインターネットの利用まで、スマートフォンは日常から切
り離せない存在である。)

　　　　◆보행 중 스마트폰 사용으로 목숨을 잃는 사고가 빈번하게 일어나고 있
다. (歩行中、スマートフォンの使用で命を失う事故が頻繁に起き
ている。)

本論：왜 필요한가？（なぜ必要なのか？）

　　　　◆스마트폰 보행 사고가 늘어나고 있다. (歩きスマホによる事故が増
えている。)

+국가안전처 발표에 의하면 매년 스마트폰 보행자 사고가 늘어나는 것으로 나타났다. (国家安全処の発表によると、毎年歩きスマホによる事故が増えていることがわかった。)

◆법이 아닌 캠페인만으로는 효과가 없다. (法律でないキャンペーンだけでは効果がない。)

+미국의 포트리 시는 이 법을 만들기 전에 캠페인을 벌였지만 아무 효과가 없었다. (アメリカのフォートリー市ではこの法律を制定する前にキャンペーンを行ったが、何の効果もなかった。)

◆운전자들의 스마트폰 사용을 법으로 금지하는 것처럼 보행자들의 스마트폰 사용도 법으로 제정해야 한다. (ドライバーによるスマートフォンの使用を法律で禁止したように、歩行者のスマートフォンの使用も法律に制定しなければならない。)

문제점 (問題点)

◆보행 중에도 스마트폰이 필요하다. (歩行中にもスマートフォンが必要だ。)

+길을 찾거나 버스를 이용할 때 스마트폰을 꼭 써야 한다. (道を探したりバスを利用したりする際、スマートフォンを必ず使わなければならない。)

◆개인의 자유를 막아서는 안 된다. (個人の自由を制約してはならない。)

+보행자의 스마트폰 사용을 법으로 금지하는 곳은 별로 없다. (歩行者のスマートフォンの使用を法律で禁止するところはあまりない。)

結論 : 대안 (対案)

◆스마트폰을 보며 걷는 보행자도 신호 등을 식별할 수 있도록 횡단보도 부근에 스마트폰 정지선을 표시한다. (スマートフォンを見ながら歩く歩行者も信号などを識別できるように横断歩道付近にスマートフォン停止線を表示する。)

◆횡단보도 부근에 경고판이나 음성 안내를 설치하는 것도 좋은 방법이다. (横断歩道付近に警告表示板や音声案内を設置するのも良い方法である。)

4.

　最近、隣人のペットの犬にかまれる事故が頻繁に発生し、ペット問題が社会的な問題として浮上している。ペットを飼う人と、今もなお動物を敬遠し、動物によって不快を感じる人の間で紛争が相次いでいる。「ペットに対する問題と対策」についてあなたの意見を書きなさい。

・ペットが増える理由は何か？
・ペットの増加によって起こる問題は何か？
・ペットに対する対策は何か？

Outline

序論 : 늘어나는 이유 （増える理由）

◆혼자 사는 인구가 늘어나면서 허전하고 외로운 마음을 달래기 위해 반려견과 함께 살아가는 사람들이 많아지고 있다. （一人暮らしの人口が増え、寂しくて孤独な心を癒すためにペットの犬とともに生きていく人が多くなっている。）

本論 : 문제 （問題）

◆유기견이 늘어나고 있다. （捨て犬が増えている。）

＋충동적으로 동물을 양육하다가 병원비 등 양육비가 많이 들고 소음, 배변 등 문제 행동이 나타나면서 버리거나 학대하는 일이 많아지고 있다. （衝動的に動物を飼い始めたが、病院の費用などの飼育費が多くかかり、騒音、排便などの問題行動が出てくると、捨てたり虐待したりすることが多くなっている。）

◆반려동물 입마개를 착용하지 않음으로써 주변 사람들을 공격하여 중상을 입히는 사례가 많아지고 있다. （ペットのしつけ用口輪を着用しないことで、周辺の人を攻撃して重傷を負わせる事例が多くなっている。）

＋한국은 맹견의 입마개 착용만을 의무화하고 있으나 최근 소형견들이 입마개를 착용하지 않음으로써 생기는 사건, 사고도 늘고 있다. （韓国では、猛犬の口輪装着は義務化されているが、最近は小型犬が口輪を着用していないことで起きる事件、事故も増えている。）

結論：대책 （対策）

◆ 반려동물 등록을 철저히 하고 그에 따른 의무를 이행하도록 해야 한 다. （ペットの登録を徹底し、それに伴う義務を履行するようにし なければならない。）

◆ 개 물림 사고가 발생하면 보호자에게 사고에 대해서 강력하게 처벌하 고 책임, 관리 의무를 강하게 일깨워야 할 필요가 있다. （犬のかみつ き事故が発生した場合、飼い主に対し、事故について厳しく処罰し、 責任、管理の義務を強く認識させる必要がある。）

5.

最近、手術と関連して多くの問題が発生したことにより、手術室にCCTV （防犯カメラ）を設置しなければならないという主張が出始めた。これにつ いて、手術室にCCTVが設置されれば、手術環境の妨げになるという病院 の立場と、患者の知る権利のためにCCTVの設置に賛成する立場が対立し ている。以下の内容を中心に「手術室のCCTVの設置」についてあなたの 意見を書きなさい。

・手術室のCCTV設置になぜ賛成するのか？

・手術室のCCTV設置になぜ反対するのか？

⊗ Outline

序論：◆ 최근 '수술실 CCTV 설치 의무화' 법안을 둘러싸고 논란이 계속되고 있다. 대리 수술 논란으로 수술실 CCTV 설치 의무화가 제기되고 있 는 가운데 예방적 차원과 감시, 처벌을 위한 규제라는 점에서 환자와 의사 간의 입장이 첨예하게 갈리고 있다. （最近「手術室のCCTV設 置の義務化」の法案をめぐって議論が続いている。代理手術の議論 で手術室のCCTV設置の義務化が提起されている中、予防の側面 と監視、処罰のための規制という点で患者と医師の立場が激しく分 かれている。）

本論：왜 찬성하는가? （なぜ賛成するのか？）

◆ 의료 사고에 대한 증빙 자료를 수집할 수 있다. （医療事故に関する証

拠資料を収集することができる。)

　　　＋입증 책임을 명확하게 할 수 있다. (証明責任（立証責任）を明確
　　　　にすることができる。)

　◆불법 행위를 감시할 수 있다. (不法行為を監視することができる。)

　　　＋안전하게 수술 받을 환자의 권리이다. (安全に手術を受ける患者
　　　　の権利である。)

왜 반대하는가? (なぜ反対するのか？)

　◆의료 분쟁이 급증할 것이다. (医療紛争が急増する。)

　　　＋정상적인 치료에 대해서도 환자와 보호자들의 불만족이 발생할 때
　　　　마다 의료인의 과실을 입증하려는 의도로 촬영 자료 열람을 요청하
　　　　는 것은 빈번한 의료 분쟁을 확대시킬 수 있다. (正常な治療に対し
　　　　ても、患者と保護者の不満が発生する度に、医療関係者の過失を
　　　　立証しようとする意図で撮影した資料の閲覧を要請することは、
　　　　頻繁な医療紛争を増やすことになりかねない。)

　◆환자의 민감정보가 유출될 우려가 있다. (患者の個人情報が流出す
　　る恐れがある。)

　　　＋수술 환자의 신체 부위 노출 및 녹화 파일에 대한 저장, 관리의 어려
　　　　움이 있다. (手術患者の身体部位の露出および録画ファイルに関
　　　　する保存、管理が難しい。)

結論：◆수술실 CCTV 설치는 의료 문화를 완전히 바꿀 수 있는 문제이니 만
　　　큼 신중하게 검토해야 한다. (手術室のCCTVの設置は医療文化を
　　　完全に変えうる問題であるだけに、慎重に検討しなければならない。)

　　　◆수술실 내에서 발생하는 문제들을 보다 근본적으로 해결할 수 있는 방
　　　안이 있어야 한다. (手術室内で発生する問題をより根本的に解決で
　　　きる対策が必要だ。)

6.

　動物園は老若男女を問わず多くの人が訪れる施設の一つである。動物園は
動物の保護や研究を進めたり、観覧客へ動物関連の知識を提供したりすると
ころであるが、最近、動物園の環境を改善しなければならないという動物保

護団体の声が高まり、動物園を廃止すべきだという主張が出ている。「動物園の存廃」についてあなたの意見を書きなさい。

・動物園がなければならない理由は何か？
・動物園を廃止すべき理由は何か？
・動物園の廃止に賛成か、反対か？　根拠を挙げてあなたの意見を書きなさい。

⊗ Outline

序論：◆동물원은 아이들의 교육, 어른들의 힐링 공간으로 활용되어 지금까지도 많은 사람들이 동물원을 찾고 있다. (動物園は子供たちの教育、大人たちの癒しの空間として活用され、今でも多くの人が動物園を訪れている。)

　　　◆동물원을 찾고 있는 사람들은 즐거운 시간을 보내고 있지만 과연 동물들은 행복할까 하는 의문이 든다. (動物園に来た人たちは楽しい時間を過ごしているが、果たして動物たちは幸せなのかと疑問に思う。)

本論：있어야 하는 이유 (なければならない理由)

　　　◆동물원이 사라지면 멸종 위기종을 보호하고 체계적인 번식을 통해 유지할 곳도 없어진다. (動物園がなくなると、絶滅危惧種を保護し、体系的な繁殖を通じて維持するところもなくなる。)

　　　◆교육적인 측면도 무시할 수 없다. (教育的な側面も無視できない。)

　　　＋어린이들에게 생태계를 가까이에서 접할 수 있는 곳은 동물원이 유일하다. (子供たちにとって近くで生態系に触れることができるところは動物園が唯一だ。)

　　　없애야 하는 이유 (廃止すべき理由)

　　　◆동물원은 인간의 이기심이 만들어 낸 비인도적인 감옥이다. (動物園は人間の利己主義が作り出した非人道的な監獄だ。)

　　　＋동물이 시멘트 바닥에서 뒹굴고 엄청난 활동 반경을 가진 맹수가 좁은 공간에 갇혀 답답하게 맴돈다. (動物がセメントの床で転がっており、広い活動範囲を持つ猛獣が狭い空間に閉じ込められ、息苦しそうにうろついている。)

　　　＋열악한 환경으로 인해 동물들이 이상 행동을 보이거나 스트레스로

일찍 죽는 사례도 많이 있다. (劣悪な環境によって動物が異常行動を見せたり、ストレスで早く死んだりする事例も多くある。)

結論 : 입장 (立場 : 賛成か反対か)

◆ 동물원 폐지에 반대한다. (動物園の廃止に反対する。)

＋전 세계 수백만 마리의 동물원 동물들이 돌아갈 적합한 자연이 없다. (全世界、数百万頭の動物園の動物が帰るのに適した自然がない。)

7.

　スマートフォンはいつのまにか私たちの生活に欠かせない必需品になった。スマートフォンさえあればいつでもどこでも用事を済ますことができるが、スマートフォンが提供する便利な機能によって、他の人に依存する必要がなくなった。スマートフォンが人間関係に与える影響についてあなたの意見を書きなさい。

・スマートフォンが人間関係に与える肯定的な影響は何か？
・スマートフォンが人間関係に与える否定的な影響は何か？
・スマートフォンの使いすぎに対する対策は何か？

❀ Outline

序論 : ◆ 남녀노소 할 것 없이 모두가 가지고 있는 것이 스마트폰이다. (老若男女を問わず誰もが持っているのがスマートフォンである。)

◆ 스마트폰은 기본적인 통화 이외에도 컴퓨터 기능을 갖추고 있어서 인터넷 검색, 게임, SNS 등을 이용하면서 삶의 편의와 즐거움을 주고 있다. (スマートフォンは基本的な通話（機能）以外にもパソコンの機能を備えていて、インターネット検索、ゲーム、SNSなどが利用でき、生活の利便性と楽しさを与えている。)

本論 : 긍정적인 영향 (肯定的な影響)

◆ 스마트폰은 외로움을 해소하고 친구들과 친밀감을 높이는데 도움이 된다. (スマートフォンは寂しさを解消し、友達との親密度を高めるのに役立つ。)

+オフライン上で不足している対人関係や社会的なサポートをオンラインを通じて補うことができる。)

부정적인 영향 (否定的な影響)

◆가상 공간에서의 관계 형성 활동에 의존하게 됨에 따라 현실 세계에서 사회적 관계를 축소 또는 단절시켜 인간 관계 형성에 부정적인 영향을 미친다. (仮想空間での関係を形成する活動に依存してしまうことによって、現実の世界で社会的な関係を縮小または断絶し、人間関係の形成に否定的な影響を及ぼす。)

+연구 결과에 따르면 스마트폰 중독 수준이 높을수록 사회성 발달이 낮은 것으로 나타났다. (研究結果によると、スマホ中毒の程度が高いほど社会性の発達度が低いことがわかった。)

結論：대책 (対策)

◆스마트폰 사용에 대한 스스로의 통제력 또는 우울 등 부정적 정서를 회피할 목적으로 사용하지는 않는지 스마트폰 사용으로 일상 생활에 문제를 초래하지는 않는지 관리와 교육이 중요하다. (スマートフォンの使用を自ら統制する力または憂鬱さなどの否定的な感情を回避する目的で（スマートフォンを）使用していないか、スマートフォンを使うことで日常生活に問題が起こっていないか、管理と教育が重要である。)

◆스마트폰 사용을 줄이고 다른 부분에 투자해 시간을 분산시키는 것도 좋은 방법이다. (スマートフォンの使用を減らし、他のことに（その時間を）投資して、時間を分散させるのも良い方法である。)

8.

最近、フェイクニュースが大量に流布され、国家安保や社会秩序を阻害する行為が起きている。そのため、フェイクニュース防止法を制定し、フェイクニュースを規制すべきだという意見が出てきている。「フェイクニュース防止法の必要性とそれに伴う問題点」について自分の意見を書きなさい。

・なぜフェイクニュース防止法が必要なのか？

・フェイクニュース防止法の制定に伴う問題点は何か？
・法律の制定以外に他の対案として何があるか？

📚 Outline

序論： ◆가짜 뉴스란 사실처럼 포장된 그럴 듯한 뉴스를 말한다. (フェイク
　　　ニュースとは、事実のように見せかけたもっともらしいニュースを
　　　いう。)

　　　◆가짜 뉴스는 SNS, 유튜브 등 온라인에서 의도적이고 악의적으로 퍼트
　　　리는 경우가 많다. (フェイクニュースはSNS、YouTubeなど、オン
　　　ラインで意図的かつ悪意をもって広める場合が多い。)

　　　+소셜 미디어에서 나눠진 정보에 대해 독자들은 사실 확인을 거의 하
　　　지 않기 때문에 어떤 누군가는 피해를 입고 또 다른 누군가는 이익
　　　을 본다. (ソーシャルメディアから配信された情報に対して読者
　　　は事実確認をほとんどしないため、ある人は被害を受け、ある人
　　　は利益を得る。)

本論：왜 필요한가？ (なぜ必要なのか？)

　　　◆가짜 뉴스의 제작과 유포는 국민의 알 권리를 침해하고 나아가 관련
　　　인물의 명예를 훼손시키고 공익을 해치는 행위이다. (フェイクニュー
　　　スの制作と流布は国民の知る権利を侵害し、ひいては関連人物の名
　　　誉を傷つけて、公益を害する行為である。)

　　　+어떤 특정한 건강 식품이 코로나 19를 예방하는 데 좋다는 허위 광
　　　고를 내보내 그 회사의 대표가 사임하는 경우가 있었다. (ある特定
　　　の健康食品が新型コロナウイルス感染症を予防するのに良いとい
　　　う虚偽広告を出して、その会社の代表が辞任したケースがあった。)

　　　+SNS에 '무슬림 남성에게 폭행을 당한 영국 여성들'이라는 가짜 사
　　　진을 유포하면서 유럽에서 무슬림 혐오 감정을 부추겼다. (SNSに
　　　「ムスリム男性に暴行を受けた英国女性たち」というフェイク写
　　　真を流し、ヨーロッパでムスリムへの嫌悪感情をあおった。)

　　　문제점 (問題点)

　　　◆규제가 완벽한 대안이 될 수 없다. (規制が完璧な対策にはなれない。)

76

+언론의 자유를 침해하고 이용자의 표현 자유까지 과도하게 제약할
　　　가능성이 크다. (言論の自由を侵害し、利用者の表現の自由まで
　　　過度に制約する可能性が高い。)

結論：대안（対案）
　　◆가짜 뉴스와 진짜 정보를 구별하는 것이 매우 중요하다. (フェイク
　　　ニュースと本当の情報を区別することが非常に重要だ。)
　　◆어떤 정보를 접하면 먼저 정보의 출처를 확인하고 그 출처가 알려진
　　　미디어인지 확인하는 것이 좋다. (ある情報に接したら、まず情報の
　　　出所を確認し、その出所が知られている（信頼できる）メディアな
　　　のかを確認したほうがよい。)

 ステップ6：30分以内に書く

 予想問題（p.133～p.136）

次を参考にして、600～700字で文章を書きなさい。ただし、問題文をその
まま書き写さないこと。

1.
　　ミニ冷蔵庫、ミニ炊飯器、ミニ焼酎など、単身世帯向けの製品が人気を集
めている。統計庁の調査によると、2017年の韓国の世帯数は2千万世帯を
超え、そのうち単身世帯の割合が30％に迫るといわれる。このような「単
身世帯の増加原因と問題点」について、あなたの意見を書きなさい。
・単身世帯の増加原因は何か？　　　　　　　　　　　　　　　　序論
・単身世帯の増加によって生じる問題点は何か？　　　本論
・単身世帯の（増加への）対策案は何か？　　　結論

📚 Outline
序論：◆작게 포장된 1인용 식자재나 1인용 전기밥솥, 소형 세탁기 등을 본 적
　　　이 있을 것이다. (少量パックの一人用の食材や一人用電気炊飯器、
　　　小型洗濯機などを見たことがあるだろう。)

◆ 1인 가구는 2000년대 이후 점점 늘어나 현재 전체 가구 중 30%를 차지하고 있다.（単身世帯は2000年代以降、次第に増え、現在全世帯のうち30％を占めている。）

本論：증가 원인（増加の原因）
◆ 결혼에 대한 인식 변화를 들 수 있다.（結婚に対する認識の変化が挙げられる。）
＋결혼보다 일에 집중하는 사람이 늘어나고 있다.（結婚より仕事に集中する人が増えている。）
◆ 경제적인 문제를 들 수 있다.（経済的な問題が挙げられる。）
＋좋은 대학을 졸업해도 안정적인 직장을 갖기가 힘들다.（良い大学を卒業しても安定した職に就くことは難しい。）

문제점（問題点）
◆ 저출산, 고령화 문제가 심각해짐에 따라 국가 경쟁력을 약화시킬 수 있다.（少子化、高齢化の問題が深刻になることに伴い、国家競争力を弱体化しかねない。）
＋주택 수요가 증가하여 주택 공급에 문제가 생기기도 한다.（住宅需要が増加し、住宅供給に問題が生じたりもする。）

結論：대책 방안（対策案）
◆ 정부가 안정된 일자리를 보장해야 한다.（政府が安定した雇用を保障しなければならない。）
◆ 결혼이나 출산을 했을 때 정부 지원 범위를 확대해야 한다.（結婚や出産をした際、政府の支援範囲を拡大しなければならない。）

〈解答例〉

	평	소	에		작	게		포	장	된		1	인	용		식	자	재	나
1	인	용		전	기	밥	솥	,	소	형		세	탁	기		등	을		본
적	이		있	을		것	이	다	.	이	들	은		1	인		가	구	가
증	가	하	면	서		생	긴		우	리		주	변	에	서		볼		수

있는 변화들이다. 이러한 변화에서 알
수 있듯이 1인 가구는 2000년대 이후
점점 늘어나 현재는 전체 가구 중 30
%나 차지하고 있다.

　1인 가구 증가 원인으로는 여러 가
지가 있다. 우선 결혼에 대한 인식 변
화이다. 결혼을 필수적인 것으로 보지
않고 선택으로 보고 자신의 일에 집중
하는 사람들이 늘어나고 있다. 또한 현
세대의 경제적 문제도 1인 가구 증가
의 주요 원인이다. 좋은 대학을 나오면
안정적인 직장을 얻을 수 있던 과거와
는 다르게 현재는 좋은 대학을 나와도
안정된 직장을 갖기 힘들다.

　1인 가구가 점점 늘어남에 따라 여
러 문제가 드러나고 있다. 1인 가구로
인해 저출산, 고령화 문제가 더욱 심각
해지고 있고, 이러한 현상이 산업 전반
에 영향을 미쳐 국가의 경쟁력을 약화
시킬 수 있다. 또한 1인 가구가 점점
늘어나면서 주택의 수요가 증가하여 주
택 공급에 문제가 생기기도 한다.

　이러한 여러 가지 문제를 막기 위해
서는 정부가 안정된 일자리를 보장하고
경제를 활성화하여 경제적 문제에서 벗

어나 가정을 꾸릴 수 있도록 해야 한다. 이와 더불어 결혼이나 출산을 했을 때 정부의 지원 범위를 확대하는 등 복지 정책을 더 마련한다면 1인 가구의 증가를 막을 수 있을 것이다.

　普段、少量パックの1人用食材や1人用電気炊飯器、小型洗濯機などを見たことがあるだろう。これらは単身世帯が増加することで生まれた我々の周辺で見られる変化である。このような変化からもわかるように、単身世帯は2000年代以降、徐々に増え、現在は全世帯のうち30%も占めている。

　単身世帯の増加原因としてはさまざまなものがある。まず、結婚に対する認識の変化である。結婚を必須のものと考えずに選択のものと考え、自分の仕事に集中する人が増えている。また、今の世代の経済的な問題も単身世帯増加の主な原因である。良い大学を出れば、安定的な職を得ることができた過去とは違い、現在は良い大学を出ても安定的な職に就くことが難しい。

　単身世帯が次第に増えるにつれ、さまざまな問題が浮き彫りになっている。単身世帯によって少子化、高齢化の問題がさらに深刻になっており、このような現象が産業全般に影響を及ぼし、国家の競争力を弱体化しかねない。また、単身世帯がますます増えることにより、住宅の需要が増加し、住宅供給に問題が生じたりもする。

　このようなさまざまな問題を防ぐためには、政府が安定した雇用を保障し、経済を活性化して、経済的な問題から抜け出し、家庭を築くことができるようにしなければならない。それとともに結婚や出産をした際、政府の支援範囲を拡大するなど、福祉政策をさらに設ければ、単身世帯の増加を防ぐことができるだろう。

2.

　動物実験は新しい製品や治療法の効能と安定性を確認するためのもので、動物を利用した実験がさまざまな分野で活用されている。果たして人間が動物を好きなように利用し、実験の対象にする権利があるのかについて、あなたの立場を書きなさい。

・動物実験はなぜしないといけないのか？ → 序論

・動物実験をしてはいけない理由は何か？ → 本論　　　　　　→ 結論

・動物実験に賛成か、反対か？　根拠を挙げてあなたの意見を書きなさい。

⊗ Outline

序論：왜 해야 하는가? （なぜしないといけないのか？）

　　◆동물실험이란 여러 분야에서 인간에게 적용하기 전에 동물에게 미리 해보는 실험을 말한다. （動物実験とは、さまざまな分野で人間に適用する前に動物に試してみる実験をいう。）

　　◆부작용 없는 약, 화장품 등을 빠르고 정확하게 개발할 수 있다. （副作用のない薬、化粧品などを速く確実に開発することができる。）

本論：하면 안되는 이유 （してはいけない理由）

　　◆동물실험은 동물이 겪을 고통을 전혀 고려하지 않은 잔혹하고 비윤리적인 실험이다. （動物実験は動物が経験する苦痛を全く考慮していない残酷で非倫理的な実験だ。）

　　　+모든 생명은 평등하고 인간이라고 해서 다른 동물을 해치고 함부로 목숨을 빼앗을 권리나 권한은 없다. （すべての命は平等で、人間だからといって他の動物を傷つけ、勝手に命を奪う権利や権限はない。）

　　◆사람과 동물의 몸이 완전히 같지 않아 동물실험을 할 때 발견하지 못했던 부작용도 발생하고 있다. （人と動物の体が全く同じではないため、動物実験をしたときに発見できなかった副作用も発生している。）

結論：입장 （立場：賛成か反対か）

　　◆동물실험을 계속해야 한다. （動物実験を続けなければならない。）

　　　+동물실험을 대체할 수 있을 만큼의 기술이 발달하지 않았다. （動物

実験に代わるほどの技術が発達していない。）

+ 동물실험은 최소한의 동물로 고통을 최대한 주지 않는 3R 원칙에 따라 실행되고 있다.（動物実験は最小限の動物で、苦痛を最大限与えない3R原則に従い、実行されている。）

〈解答例〉

동물실험이란 여러 분야에서 인간에게 적용하기 전에 동물에게 미리 해 보는 실험으로 여러 분야에서 폭넓게 사용되고 있다. 우리 주변에 있는 약, 화장품, 비누 등 매우 많은 물건들이 동물실험을 거쳐서 만들어졌다. 우리는 동물실험 덕분에 부작용 없이 약, 화장품 등을 빠르고 정확하게 개발하여 보다 안전한 생활을 누릴 수 있게 되었다.

그러나 한편에서는 동물이 겪을 고통을 전혀 고려하지 않은 잔혹하고 비윤리적인 동물실험을 행하는 일이 발생하기도 한다. 모든 생명은 평등하고 인간이라고 해서 다른 동물을 해치고 함부로 목숨을 빼앗을 권리나 권한은 없다. 또한 사람과 동물의 몸이 완전히 같지 않아 동물실험을 할 때에는 발견하지 못했던 부작용이 사람들에게서 나타나는 사례들도 발생하고 있어 동물실험을 해서는 안 된다는 목소리가 커지고 있다.

	이	처	럼		동	물	실	험	에		대	한		우	려	의		목	소
리	가		있	지	만		동	물	실	험	은		계	속	해	야		한	다
고		생	각	한	다	.	아	직		동	물	실	험	을		대	체	할	
수		있	을		만	큼	의		기	술	이		발	달	하	지		않	아
현		시	점	에	서		동	물	실	험	은		필	수	적	이	다	.	많
은		사	람	들	이		동	물	실	험	은		윤	리	적	이	지		않
다	고		하	지	만		모	든		동	물	실	험	은		최	소	한	의
동	물	로		고	통	을		최	대	한		주	지		않	는		3R	
원	칙	에		따	라		실	행	되	어		충	분	히		윤	리	적	인
선		안	에	서		행	해	지	고		있	음	을		알		수		있
다	.	동	물	실	험	은		그	저		이	익	을		위	해	서	가	
아	닌		생	존	과	도		관	련	되	어		있	다	.	따	라	서	
동	물	실	험	은		계	속	해	야		한	다	고		생	각	한	다	.

500 / 600 / 700

　動物実験とは、さまざまな分野で人間に適用する前に動物にあらかじめ試してみる実験であり、さまざまな分野で幅広く使われている。我々の周辺にある薬、化粧品、石鹸など非常に多くの品物が動物実験を経て作られた。我々は動物実験のおかげで、副作用のない薬、化粧品などを速く確実に開発し、より安全な暮らしを享受できるようになった。

　しかし、一方では動物が経験する苦痛を全く考慮しない残酷で非倫理的な動物実験を行うことが発生することもある。すべての命は平等で、人間だからといって他の動物を傷つけ、勝手に命を奪う権利や権限はない。

　また、人と動物の体が全く同じではないため、動物実験をするときには発見できなかった副作用が人から現れる事例も発生しており、動物実験をしてはならないという声が高まっている。

　このように動物実験に対する懸念の声があるが、動物実験は続けるべきだと思われる。まだ動物実験に代わるほどの技術が発達していないため、現時

点で動物実験は必須である。多くの人が動物実験は倫理的ではないというが、すべての動物実験は最小限の動物で、苦痛を最大限に与えない3R原則に従って実行されており、十分に倫理的な枠組みの中で行われていることがわかる。動物実験は単に利益のためではなく、生存とも関係がある。したがって、動物実験は続けるべきだと思われる。

3.

　最近の若者たちは、整形手術はもちろん、脂肪吸引や眉毛アートメイクを、拒否感を持たずに行っている。ここまでしてでも、きれいになれば幸せになれると思う若い人たちが少なくない。しかし、外見と幸福満足度が必ずしも比例するとは限らない。「外見が幸福に及ぼす影響」について、あなたの意見を書きなさい。　　　　序論

・外見が幸福にどれだけ多くの影響を与えるか？
・外見と幸福満足度との関係はどうなっているか？　　　　本論
・どのように生きるのが幸せなのか？　　　結論

🎀 Outline

序論：◆ 외모도 능력이라는 인식이 확산되면서 성형수술을 하는 젊은이들이
　　　　많아지고 있다. (外見も能力という認識が広がり、整形手術をする
　　　　若者が増えている。)

　　　＋연구 자료를 살펴보면 자신의 외모에 만족하는 사람이 직급, 급여,
　　　　회사 만족도 등에서 자신의 외모에 만족하지 못하는 사람보다 높은
　　　　점수를 보였다. (研究資料を見てみると、自分の外見に満足して
　　　　いる人が、職位、給与、会社への満足度などにおいて、自分の外
　　　　見に満足していない人より高い点数を示した。)

本論：외모가 행복에 미치는 영향 (外見が幸福に与える影響)

　　　◆아름다운 외모는 연애, 취업, 승진 등 다양한 기회가 주어진다. (美し
　　　　い外見は恋愛、就職、昇進など、多様な機会が与えられる。)

　　　＋온라인 취업 사이트 인사 담당자를 대상으로 한 설문 조사에서 약
　　　　91%가 첫인상이 취업에 영향을 준다고 답하였다. (オンライン就

職サイトの人事担当者を対象にしたアンケート調査で、約91%が第一印象が就職に影響を与えると答えた。)

◆ 아름다운 외모는 자신감을 가져다 준다. (美しい外見は自信をもたらす。)

외모와 행복 만족도의 관계 (外見と幸福満足度の関係)

◆ 외모는 행복과 관계가 없다. (外見は幸福とは関係ない。)

+ 연구 발표에 의하면 외면적인 아름다움에 치중한 학생은 스트레스를 많이 받는 반면 내재적인 목표에 주안점을 둔 학생은 자신에게 더 긍정적이고 인간관계도 좋은 것으로 나타났다. (研究発表によると、外見的な美しさに重点を置いた学生はストレスを多く受けている一方で、内在的な（自分の）目標に主眼を置いた学生は、自分により肯定的で、人間関係も良いことがわかった。)

結論 : 어떻게 사는 것이 행복인가? (どのように生きることが幸せなのか？)

◆ 사람마다 행복을 느끼는 순간이 다 다르다. (人によって幸せを感じる瞬間が全く違う。)

◆ 자신이 어떤 순간에 행복함을 느끼는지 찾아가는 것이 무엇보다 중요하다. (自分がどんな瞬間に幸せを感じるかを探っていくことが何よりも重要である。)

〈解答例〉

	외	모	도		능	력	이	라	는		인	식	이		확	산	되	면	서
성	형	수	술	을		하	는		젊	은	이	들	이		많	아	지	고	
있	다	.	연	구		자	료	를		살	펴	보	면		자	신	의		외
모	에		만	족	하	는		사	람	이		직	급	,		급	여	,	회	사
만	족	도		등	에	서		자	신	의		외	모	에		만	족	하	지
못	하	는		사	람	보	다		높	은		점	수	를		보	였	다	.
그	렇	다	면		외	모	가		행	복	에		얼	마	나		많	은	
영	향	을		미	칠	까	?												

100

PART 4

問題 54

첫째, 아름다운 외모는 연애, 취업, 승진 등 다양한 기회가 주어진다. 온라인 취업 사이트 인사 담당자를 대상으로 한 설문 조사에서 약 91%가 첫인상이 취업에 영향을 준다고 답하였을 정도로 외모는 취업뿐만 아니라 다양한 기회에서 영향을 끼칠 수 있다.

　둘째, 아름다운 외모는 자신감을 가져다준다. 외모가 출중한 사람은 평범한 사람들보다 외모에 자신감을 갖게 되고 이는 곧 자존감이 높아지게 된다.

　그러나 외모가 출중하다고 해서 모든 사람들이 성공하고 행복한 것은 아니다. 연구 발표에 의하면 외면적인 아름다움에 치중한 학생은 스트레스를 많이 받는 반면 내재적인 목표에 주안점을 둔 학생은 자신에게 더 긍정적인 감정을 가지고 있고 인간관계도 좋은 것으로 나타났다. 따라서 외모는 행복과 관계가 있다고 할 수 없다.

　어떤 사람은 타인을 도와줄 때 행복을 느끼는가 하면 어떤 사람은 성취감을 느낄 때 행복함을 느낀다고 한다. 이처럼 사람마다 행복을 느끼는 순간이 다 다르다. 그러므로 자신이 어떤 순간

에		행	복	함	을		느	끼	는	지		찾	아	가	는		것	이
무	엇	보	다		중	요	하	다	.									

700

　外見も能力という認識が広がり、整形手術をする若者が増えている。研究資料を調べてみると、自分の外見に満足している人が、職位、給与、会社への満足度などにおいて、自分の外見に満足していない人より高い点数を示した。それでは、外見が幸福にどれだけ影響を与えているのだろうか。

　第一に、美しい外見は恋愛、就職、昇進など、多様な機会を与えてくれる。オンライン就職サイトの人事担当者を対象に行ったアンケート調査で、約91％が就職に第一印象が影響を与えると答えているほど、外見は就職だけでなく多様な機会において影響を及ぼすことがある。

　第二に、美しい外見は自信をもたらす。容貌が優れている人は平凡な人より外見に自信を持てるようになり、これはすなわち自尊心が高まることにつながる。

　しかし、容貌が優れているからといって、すべての人が成功して幸せなわけではない。研究発表によると、外見的な美しさに重点を置いた学生はストレスを多く受ける反面、内在的な（自分の）目標に主眼を置いた学生は自分により肯定的な感情を持っていて、人間関係も良いことがわかった。したがって、外見は幸福と関係があるとはいえない。

　ある人は他人を助けるときに幸せを感じれば、ある人は達成感を感じるときに幸せを感じるという。このように人によって幸せを感じる瞬間は異なる。それゆえ、自分がどんな瞬間に幸せを感じるのかを探っていくことが何よりも重要である。

4.
　人工知能はSiriから自律走行車に至るまで急速に発展している。人間の能力を超えている人工知能は、我々に期待と憂慮を同時に与えている。以下の内容を中心に人工知能に対するあなたの考えを書きなさい。
・人工知能技術が及ぼす肯定的な影響は何か？　　　→　**序論**
・人工知能技術の否定的な影響は何か？　　　→　**本論**

87

・人工知能技術によってもたらされる問題の解決策は何か？ ——→ **結論**

 Outline

序論：긍정적인 영향（肯定的な影響）

　　◆인공 지능 기술은 자동차, 의료, 운송 및 통신 등 다양한 산업에 걸쳐 사람들에게 많은 영향을 끼치고 있다.（人工知能技術は自動車、医療、運送および通信など、さまざまな産業にわたって人々に多くの影響を及ぼしている。）

　　　　＋콜 센터에서 사람이 대응하기 힘든 불편한 상담을 대신 처리할 수 있다.（コールセンターにおいて、人が対応しにくい面倒な相談を代わりに処理することができる。）

　　　　＋앞차와의 거리를 조절하거나 차선을 변경해 주는 자동차 자율 주행이 가능해졌다.（前の車との距離を調整したり、車線を変更したりする自動車の自律走行（自動運転）が可能になった。）

本論：부정적인 영향（否定的な影響）

　　◆직업을 구하기가 전보다 더 어려워진다.（仕事探しが前よりもっと難しくなる。）

　　　　＋간단한 사무직이나 단순 노동은 인공 지능이 대신하게 된다.（簡単な事務職や単純労働は人工知能が代わりに行うようになる。）

　　◆개인 사생활의 침해를 낳을 수 있다.（個人のプライバシーの侵害をする恐れがある。）

　　　　＋자신의 데이터를 공유해야 하기 때문에 사생활 침해와 개인 감시가 이루어질 수 있다.（自分のデータを共有しなければならないため、プライバシーの侵害と個人への監視が行われる可能性がある。）

　　◆잘못된 인공 지능이 개발될 위험이 있다.（誤った人工知能が開発される危険がある。）

　　　　＋부적절한 데이터를 인공 지능에 학습시키게 된다면 큰 사고로 이어질 수 있다.（不適切なデータを人工知能に学習させることになれば、大きな事故につながりかねない。）

結論：해결 방안 （解決策）

- ◆ 인공 지능의 권한 설정과 결과에 대한 책임 소재 문제를 명확히 해야 할 필요가 있다. （人工知能の権限設定と結果に対する責任の所在問題を明確にする必要がある。）
- ◆ 인간과 인공 지능의 공존을 고려한 새로운 법적 기반이 마련되어야 할 것이다. （人間と人工知能の共存を考慮した新しい法的基盤が設けられなければならない。）

〈解答例〉

	인	공		지	능		기	술	은		우	리	도		모	르	는		사
이	에		자	동	차	,		의	료	,		운	송		및		통	신	에		이
르	기	까	지		다	양	한		산	업	에		걸	쳐		사	람	들	에
게		많	은		영	향	을		끼	치	고		있	다	.	콜		센	터
에	서		사	람	이		대	응	하	기		힘	든		불	편	한		상
담	을		인	공		지	능	이		대	신		받	아	서		처	리	를
해		준	다	거	나		사	람	이		아	닌		인	공		지	능	이
운	전	기	사		역	할	을		하	여		앞	차	와	의		거	리	를
조	절	하	고		차	선	을		변	경	하	는		등		자	동	차
자	율		주	행	도		가	능	해	졌	다	.							
	그	러	나		이	처	럼		인	공		지	능	이		긍	정	적	인
영	향	만	을		끼	치	는		것	은		아	니	다	.	첫	째	,	직
업	을		구	하	기	가		전	보	다		어	려	워	진	다	는		점
이	다	.	예	를		들	면		간	단	한		사	무	직	이	나		단
순		노	동	은		인	공		지	능	이		대	신	하	게		되	어
직	업	을		구	하	기	가		더		어	려	워	질		것	이	다	.
둘	째	,	개	인		사	생	활	의		침	해	를		낳	을		수
있	다	.	방	대	한		데	이	터	를		수	집	하	여		만	들	어

100
200
300

지는 인공 지능을 원활하게 사용하기
위해서는 자신의 데이터를 공유해야 하
기 때문에 사생활 침해와 개인 감시가
이루어질 수도 있다. 셋째, 잘못된 인공
지능이 개발될 위험이 있다. 사용자들이
부적절한 데이터를 인공 지능에게 학습
시키게 된다면 이는 큰 사고로 이어질
수도 있게 된다.
　이처럼 인공 지능의 통제, 악용 및
남용 등으로 인한 문제를 해결하기 위
해서는 먼저 인공 지능의 권한 설정과
결과에 대한 책임 소재 문제를 명확히
할 필요가 있다. 그리고 인공 지능이
우리 인간 생활에 깊숙이 자리잡고 있
는 이상 인간과 인공 지능의 공존을
고려한 새로운 법적 기반이 마련되어야
할 것이다.

　人工知能技術は、我々も知らないうちに自動車、医療、運送、通信に至る
まで、多様な産業にわたり、人々に大きな影響を及ぼしている。コールセンター
では人が対応しにくい面倒な相談を人工知能が代わりに受けて処理してくれ
ることや、人ではなく人工知能が運転手の役割をして前の車との距離を調節
し、車線を変更するなどの自動車の自律走行（自動運転）も可能になった。
　しかし、このように人工知能は肯定的な影響だけを及ぼすわけではない。
第一に、仕事探しが前より難しくなるという点である。例えば、簡単な事務
職や単純労働は人工知能が代わりに行うことになり、仕事探しがさらに難し
くなるだろう。第二に、個人のプライバシーの侵害をする恐れがある。膨大

なデータを収集して作られる人工知能を円滑に使用するためには、自分のデータを共有しなければならないため、プライバシー侵害と個人への監視が行われる可能性がある。第三に、誤った人工知能が開発される危険がある。ユーザーが不適切なデータを人工知能に学習させることになれば、これは大きな事故につながる可能性もある。

このように人工知能の統制、悪用および乱用などによる問題を解決するためには、まず人工知能の権限設定と結果に対する責任の所在問題を明確にする必要がある。そして人工知能が我々人間の生活に深く根付いている以上、人間と人工知能の共存を考慮した新しい法的基盤を設けるべきであろう。

5.

最近、インターネットを利用するパソコン、スマートフォン、タブレットPCなどの普及が急速に進み、多様な情報を簡単で手軽に受け取ることができるようになった。このようなニューメディアの登場は青少年に多方面で影響を及ぼしている。「ニューメディアが青少年に及ぼす影響」について、あなたの意見を書きなさい。　　　　　　　　　　　　　　　　**序論**

・ニューメディアが青少年に与える肯定的な影響は何か？
・ニューメディアの問題点は何か？　　　　　　　　　　**本論**
・ニューメディアを正しく活用する方法は何か？　　**結論**

⚙ Outline

序論：◆최근 스마트폰의 보급이 크게 확대되면서 다양한 정보를 쉽게 얻을 수
　　　　　있게 되었다. (最近スマートフォンの普及が大きく進み、多様な情
　　　　　報を簡単に得られるようになった。)

　　　　◆뉴미디어의 쌍방향 의사소통 기능은 청소년들에게 여러 방면으로 영
　　　　　향을 미치고 있다. (ニューメディアの双方向コミュニケーション機
　　　　　能は、青少年にさまざまな側面で影響を及ぼしている。)

本論：긍정적인 영향 (肯定的な影響)

　　　　◆여러 매체를 통하여 다양한 분야의 방대한 정보를 적시에 습득할 수
　　　　　있다. (さまざまなメディアを通じて多様な分野の膨大な情報を適
　　　　　時に習得することができる。)

91

◆ 온라인 상호 작용을 통해 인간관계를 형성할 수 있다. (オンライン相互作用（オンラインでの交流）を通じて人間関係を形成することができる。)

문제점 （問題点）
◆ 청소년들이 잘못된 정보에 선동될 수 있다. (青少年は誤った情報に扇動される可能性がある。)
◆ 청소년기에 잘못된 사고방식이 형성될 우려가 있다. (青少年期に誤った考え方が形成される恐れがある。)
◆ 핸드폰이나 컴퓨터를 통해 유해한 내용을 접할 수 있다. (携帯電話やパソコンを通じて有害な内容に接する可能性がある。)

結論：올바르게 활용하는 방법 （正しく活用する方法）
◆ 정보를 접할 때 정보의 출처를 확인하거나 검증된 포털 사이트만을 이용해야 한다. (情報に接するときは、情報の出所を確認したり、検証されたポータルサイトだけを利用したりする。)
◆ 유해한 사이트로의 접근을 차단하는 앱을 이용한다. (有害なサイトへのアクセスを遮断するアプリを利用する。)

〈解答例〉

	최	근		스	마	트	폰	의		보	급	이		크	게		확	대	되
면	서		내		손	안	에	서		다	양	한		정	보	를		쉽	게
받	아		볼		수		있	는		뉴	미	디	어		시	대	가		도
래	하	였	다	.	뉴	미	디	어	는		인	터	넷	을		기	반	으	로
정	보		전	달	을		하	다		보	니		의	사	소	통	이		쌍
방	향	으	로		이	루	어	지	고		있	으	며		이	러	한		뉴
미	디	어	의		기	능	은		청	소	년	들	에	게		여	러		방
면	으	로		영	향	을		미	치	고		있	다	.					
	우	선		뉴	미	디	어	가		청	소	년	에	게		미	치	는	
긍	정	적	인		영	향	은		다	음	과		같	다	.	첫	째	,	정

100

200

치, 사회, 환경 등 방대한 양의 정보를 적시에 습득하는 것이 가능하고 온라인 상호 작용을 통해 보다 향상된 인간관계를 형성할 기회를 가질 수 있다.

그러나 인터넷을 통해 누구나 쉽게 정보를 공유할 수 있는 만큼 확인이 되지 않은 정보들까지 함께 청소년들에게 전파되어 잘못된 정보에 선동될 수 있다는 단점이 있다. 그리고 청소년들은 아직 자아가 뚜렷이 형성되지 않았기 때문에 자칫하면 무비판적이고 수동적으로 자아가 형성되기가 쉽고 잘못된 사고방식이 형성될 우려가 있다. 뿐만 아니라 핸드폰이나 컴퓨터를 통해 유해한 내용도 접할 수도 있다.

뉴미디어를 올바르게 활용하려면 우선 청소년들이 정보를 접할 때 정보의 출처를 확인하거나 검증된 포털 사이트만을 이용해야 한다. 이를 통해 거짓된 정보를 어느 정도 걸러 낼 수 있다. 또한 유해한 사이트는 접근을 차단하는 앱을 사용하면 뉴미디어를 올바르고 안전하게 사용할 수 있을 것이다.

300

400

500

600

700

最近スマートフォンの普及が大きく進んだことで、自分の手の中で多様な情報を簡単に受け取ることができるニューメディア時代が到来している。ニューメディアはインターネットを基盤に情報伝達をしているため、コミュニケーションが双方向で行われており、このようなニューメディアの機能は青少年にさまざまな面で影響を及ぼしている。

　まず、ニューメディアが青少年に及ぼす肯定的な影響は次のとおりである。第一に、政治、社会、環境など膨大な量の情報を適時に習得することができ、オンライン相互作用（オンラインでの交流）を通じて、より向上した（進歩した）人間関係を形成する機会を持つことができる。

　しかし、インターネットを通じて誰もが簡単に情報を共有できるだけに、確認がされていない情報まで一緒に青少年に伝わり広まってしまうため、誤った情報に扇動される可能性があるという短所がある。そして、青少年はまだ自我が明確に形成されていないため、ともすると無批判的で受動的な自我が形成されやすく、誤った考え方が形成される恐れがある。それだけでなく、携帯電話やパソコンを通じて有害な内容に接する可能性もある。

　ニューメディアを正しく活用するには、まず青少年が情報に接するとき、情報の出所を確認するか、検証されているポータルサイトだけを利用しなければならない。このことを通じて虚偽の情報をある程度取り除くことができる。また、有害なサイトはアクセスを遮断するアプリを使えば、ニューメディアを正しく、安全に使うことができるだろう。

6.

　気候変動は一定の地域で長期間にわたって現れる気候の平均的な状態が変化することで、このような変動は地球内部の作用や外部の力によるものかもしれないし、人間の活動によるものかもしれない。このような「気候変動が人間の生活に及ぼす影響」について、以下の内容を中心にあなたの考えを書きなさい。

・気候変動はなぜ起こるのか？　　　→　**序論**
・気候変動は人間の生活にどのような影響を及ぼすのか？　　→　**本論**
・気候変動を解決する方法は何か？　　→　**結論**

◈ Outline

序論 : ◆기후변화란 일정한 지역에서 긴 시간 동안 기후의 평균값을 벗어나 더
이상 평균 상태로 돌아오지 않는 평균 기후 체계의 변화를 말한다. (気
候変動とは、一定の地域において、長い期間で気候の平均値がずれ、
もう平均の状態に戻らない平均気候パターンの変化のことをいう。)

왜 일어나는가? (なぜ起こるのか？)

◆자연적 요인 : 화산 분화에 의한 성층권의 에어로졸 증가, 태양 활동의
변화, 태양과 지구의 천문학적인 상대 위치 변화 (自然的要因：火山
の噴火による成層圏のエアロゾルの増加、太陽活動の変化、太陽と
地球の天文学的な相対位置の変化)

◆인위적 요인 : 화석연료 사용, 쓰레기 증가, 무분별한 산림 벌목 (人為
的要因：化石燃料の使用、ゴミの増加、むやみに行われる森林伐採)

本論 : 인간 생활에 미치는 영향 (人間の生活に与える影響)

◆지표면의 온도가 올라가면서 빙하의 면적이 줄어들고 있다. (地表の
温度が上がるにつれて、氷河の面積が減っている。)

＋녹은 물이 바다로 흘러 해수면이 상승하고 있다. (溶けた水が海に
流れ込んで、海面が上昇している。)

＋몰디브의 경우 수도 시내의 3분의 2가 침수되었다. (モルディブで
は、首都の市街地の3分の2が浸水した。)

◆기상 이변이 나타나고 있다. (異常気象が現れている。)

結論 : 해결하는 방안 (解決する方法)

◆국가 간의 기후변화 협약을 맺어야 한다. (国家間の気候変動に関す
る条約を結ばなければならない。)

◆에너지 절약, 대중교통 이용, 나무 심고 가꾸기 등의 생활화가 필요하
다. (エネルギーの節約、公共交通機関の利用、樹木を植えて育て
るなど、生活の中に取り込むことが必要である。)

PART 4

問題
54

　기후변화란　일정한　지역에서　긴　시간
동안　기후의　평균값을　벗어나　더　이상
평균　상태로　돌아오지　않는　평균　기후
체계의　변화를　말한다. 이러한　기후변화
의　원인은　매우　다양하다. 크게　자연적
인　요인, 인위적인　요인으로　구분할　수
있는데　자연적　요인으로는　화산　분화에
의한　성층권의　에어로졸　증가, 태양　활
동의　변화, 태양과　지구의　천문학적인
상대　위치　변화　등이　있다. 인위적인
요인으로는　석탄, 석유, 가스　등의　화석
연료　사용으로　인한　기후변화, 쓰레기
증가, 무분별한　산림　벌목으로　인해　산
림의　온실가스　흡수를　줄어들게　함으로
써　생기는　기후변화　등이　있다.
　이러한　기후변화는　인간　생활에　어떠
한　영향을　미칠까? 첫째, 지구온난화의
영향으로　지표면의　온도가　올라가면서
빙하의　면적이　줄어들고　있다. 이렇게
녹은　물이　바다로　흘러들어　해수면이
상승하고　있다. 몰디브의　경우　수도의
시내　3분의　2가　침수되기도　하였다.
둘째, 기상　이변이　증가하고　있다. 지구
곳곳에서는　태풍, 홍수, 가뭄, 폭우, 폭설

같	은		기	상		이	변	이		빈	번	하	게		일	어	나	고
있	으	며		이	에		따	른		피	해	도		늘	고		있	다	.
	기	후	변	화	를		해	결	하	려	면		전		지	구	적		차
원	의		노	력	이		필	요	하	다	.		이	산	화	탄	소		배	출
량	을		감	축	하	기		위	해	서		어	느		특	정		나	라
만		노	력	할		게		아	니	라		모	든		국	가	가		기
후	변	화		협	약	을		맺	으	며		함	께		노	력	을		해
야		한	다	.		개	인	적		차	원	에	서	는		에	너	지		절
약	,		대	중	교	통		이	용	,		나	무		심	고		가	꾸	기	
등	의		생	활	화	가		필	요	하	다	.								

500
600
700

　気候変動とは、一定の地域において、長い期間で気候の平均値がずれ、もう平均の状態に戻らない平均気候パターンの変化のことをいう。このような気候変動の原因は非常に多様である。大きく自然的要因、人為的要因に分けられるが、自然的要因としては火山の噴火による成層圏のエアロゾルの増加、太陽活動の変化、太陽と地球の天文学的な相対位置の変化などがある。人為的要因としては、石炭、石油、天然ガスなどの化石燃料の使用による気候変化、ゴミの増加、むやみに行われる森林伐採による森林の温室効果ガス吸収が少なくなることから生じる気候変化などがある。

　このような気候変動は人間の生活にどのような影響を及ぼすのだろうか？第一に、地球温暖化の影響で地表の温度が上がり、氷河の面積が減っている。この溶けた水が海に流れ込み、海面が上昇している。モルディブでは、首都の市街地の3分の2が浸水したりもした。第二に、異常気象が増加している。地球のあちこちでは台風、洪水、干ばつ、大雨、大雪のような異常気象が頻繁に起きており、それによる被害も増えている。

　気候変動を解決するには、地球規模の努力が必要である。二酸化炭素排出量を削減するために、ある特定の国だけが努力するのではなく、すべての国

が気候変動に関する条約を結び、共に努力しなければならない。個人的なレベルでは、エネルギーの節約、公共交通機関の利用、樹木を植えて育てるなどを、生活の中に取り込むことが必要である。

7.

　現在、全世界で使用されている携帯電話は約50億台と推定されている。このうち約半分程度はスマートフォンが占めており、残りの電話は普通の携帯電話であることがわかった。特に若い世代ほどスマートフォンを使用する割合が高くなり、それによる問題も生じている。「スマートフォンの使用による問題点と解決策」について、以下の内容を中心にあなたの考えを書きなさい。

・スマートフォンの使用の割合が高くなる理由は何か？ →序論
・スマートフォンの使用による問題点は何か？ →本論　　　結論
・スマートフォンの使用を減らすためにどのような努力が必要か？ →

🔖 Outline

序論：사용 비율이 높아지는 이유（使用の割合が高くなる理由）

◆ 코로나19 로 인해 수업, 회의, 만남 등을 원격으로 하면서 스마트폰을 사용하는 연령대가 더욱 다양해졌다.（新型コロナによって授業、会議、出会いなどをリモートで行うことになり、スマートフォンを使用する年齢層がさらに多様になった。）

本論：문제점（問題点）

◆ 건강에 나쁜 영향을 미친다.（健康に悪い影響を及ぼす。）
　＋거북목 증후군, 수면 방해, 시력 감퇴 등 여러 가지 문제가 발생한다.（ストレートネック（スマホ首）、睡眠妨害、視力低下など、さまざまな問題が発生する。）

◆ 청소년들은 학업에 흥미를 잃을 뿐만 아니라 해야 할 일을 미루게 된다.（青少年は学業への興味を失うだけでなく、やるべきことを後回しにする。）

結論：노력（努力）

- ◆ 다른 취미 생활을 찾기 위해 노력해야 한다. （他の趣味を探すために 努力しなければならない。）
- ◆ 한 번에 고치려고 하는 것보다 조금씩 바꿔가는 것이 좋다. （一度に 直そうとするより、少しずつ変えていったほうがよい。）

〈解答例〉

	요	즘	에	는		남	녀	노	소		할		것		없	이		많	은	
사	람	들	이		스	마	트	폰	을		사	용	한	다	.		특	히		코
로	나	19	로		인	해		수	업	,	회	의	,		만	남		등	을	
원	격	으	로		하	면	서		스	마	트	폰		사	용	하	는		사	
람	들	의		연	령	대	가		더	욱		다	양	해	졌	다	.		스	마
트	폰	은		우	리	에	게		여	러		가	지		정	보	와		재	
미	를		제	공	하	지	만		없	어	서	는		안	되	는		존	재	
가		되	면	서		그	로		인	한		문	제	점	도		발	생	하	
고		있	다	.																
	첫		번	째	로		스	마	트	폰	을		오	랜		시	간	을	
사	용	하	면	서		건	강	에		악	영	향	을		끼	친	다	는	
점	이	다	.		스	마	트	폰	을		따	라		고	개	를		장	시	간
숙	이	면	서		거	북	목		증	후	군	이		생	길		수		있	
고		잠	들	기		전	까	지		스	마	트	폰	을		봄	으	로	써	
수	면	에		방	해	가		되	기	도		한	다	.		또	한		화	면
을		오	래		보	고		있	다		보	니		시	력	이		감	퇴	
되	는		등		여	러		가	지		문	제	가		생	기	고		있	
다	.		두		번	째	로		스	마	트	폰	을		하	다	가		보	면
재	미	있	는		것	들	을		많	이		접	하	게		되	는	데		
이	는		학	업	의		흥	미	를		떨	어	뜨	릴		뿐	만		아	

100 (우측 표시)
200
300
400

PART 4
問題54

니	라		자	신	이		해	야		할		일	도		계	속	해	서
미	루	게		된	다	.	이	러	한		생	활		습	관	이		지	속
되	다	가		보	면		스	마	트	폰		중	독	에		이	르	게
될		것	이	다	.													
	그	렇	다	면		스	마	트	폰		사	용	을		줄	이	기	위
해	서	는		어	떤		노	력	이		필	요	할	까	?		바	로
자	신	의		다	른		취	미		생	활	을		찾	기		위	해
노	력	을		하	는		것	이	다	.	전	부	터		하	고		싶	었
던		일	이	나		좋	아	하	는		일	을		시	작	하	여		그
일	을		위	하	여		학	원	에		다	니	거	나		그	와		관
련	된		동	호	회	에		참	여	하	는		것	이	다	.	또	는
땀	을		흘	리	며		운	동	을		하	는		것	도		좋	다	.
무	엇	보	다	도		사	용		습	관	을		한	번	에		고	치	려
고		하	는		것	보	다		조	금	씩		노	력	해	서		올	바
른		습	관	으	로		바	꿔	가	는		것	이		중	요	하	다	.

　最近は老若男女を問わず多くの人がスマートフォンを使用している。特に新型コロナによって授業、会議、出会いなどをリモートで行うことになり、スマートフォンを使用する年齢層がさらに多様になった。スマートフォンは我々にいろいろな情報と楽しさを提供してくれるが、なくてはならない存在になり、それによる問題点も発生している。

　一つ目に、スマートフォンを長時間使用することになり、健康に悪影響を及ぼすという点である。スマートフォンに向かって首を長時間傾けることでストレートネック（スマホ首）になる可能性や、眠りに入る前までスマートフォンを見ることで睡眠の妨げになることもある。また、画面を長時間見ることで、視力が低下するなど、さまざまな問題が生じている。二つ目に、スマートフォンを持っていれば、面白いことにたくさん接することができるのだが、これは学業への興味を無くすだけでなく、自分がしなければならない

こともどんどん後回しにするようになる。このような生活習慣が続けば、スマホ中毒になってしまうだろう。

では、スマートフォンの使用を減らすためには、どのような努力が必要だろうか。それはまさに、他の趣味を探す努力をすることである。以前からやりたかったことや好きなことを始めて、そのために教室に通ったり、それに関連した同好会に参加したりすることである。あるいは、汗をかいて運動をするのも良い。何よりも（スマホの）使用習慣を一度に変えようとするより、少しずつ努力して正しい習慣に変えていくことが重要である。

8.

最近、ウイルス感染（拡大の）事態により、非対面診療が全世界的に活性化されている中、遠隔医療に関する議論が活発に行われている。以下の内容を中心に「遠隔医療の長所と問題点」について、あなたの意見を書きなさい。

・遠隔医療の長所は何か？　　　　序論
・遠隔医療の問題点は何か？　　　本論
・遠隔医療に賛成か、反対か？　根拠を挙げて自分の意見を書きなさい。

結論

⊗ Outline

序論：◆원격 의료란 원거리에서 정보 통신 기술을 이용해서 의사의 진료를 받을 수 있는 서비스를 말한다. (遠隔医療とは、遠距離から情報通信技術を利用して医師の診療を受けることができるサービスのことをいう。)

장점（長所）
◆의료 사각지대를 해소할 수 있다. (医療の死角地帯を解消することができる。)
◆의료 접근성이나 편의성을 높일 수 있다. (医療へのアクセスや利便性を高めることができる。)

本論：문제점（問題点）
◆오진 가능성이 높다. (誤診の可能性が高い。)
　　＋환자가 자신의 상태를 직접 입력하기 때문에 의료 사고가 발생할 수

する可能性がある。)

◆ 장애인이나 노인들은 인터넷, 정보 통신 기기를 다루는 데에 어려움을 겪을 수 있다. (障害者や高齢者はインターネット、情報通信機器の取り扱いに困難を感じる恐れがある。)

◆ 개인 정보 누출 가능성이 있다. (個人情報漏洩の可能性がある。)
　＋개인의 사생활 침해가 발생하거나 유출된 정보가 범죄에 악용될 수 있다. (個人のプライバシー侵害が発生することや、流出した情報が犯罪に悪用される恐れがある。)

結論：입장（立場：賛成か反対か）

◆ 원격 의료에 반대한다. (遠隔医療に反対する。)
　＋오진의 가능성이 높다. (誤診の可能性が高い。)
　＋의료 사고 발생시 환자가 구제받기가 힘들다. (医療事故の発生時、患者が救済を受けるのが難しい。)

〈解答例〉

	최	근		코	로	나	19		팬	데	믹		상	황	에	서		환	자
가		의	료		기	관	을		이	용	하	면	서		바	이	러	스	에
감	염	되	는		것	을		방	지	하	기		위	해		원	격		의
료	를		일	시	적	으	로		허	용	하	고		있	다	.		원	격
의	료	란		환	자	가		직	접		병	원	을		방	문	하	지	
않	고		통	신	망	이		연	결	된		모	니	터		등		의	료
장	비	를		통	해		의	사	의		진	료	를		받	을		수	
있	는		서	비	스	를		말	한	다	.		이	러	한		원	격		의
료	는		의	료		사	각	지	대	가		해	소	되	고		국	민	의
의	료		접	근	성	이	나		편	의	성	을		높	이	는		데	에
기	여	할		수		있	다	.											
	그	러	나		이	에		따	른		문	제	점	도		많	다	.		첫

（100 — 5행째 오른쪽）
（200 — 10행째 오른쪽）

102

째, 원격 의료는 오진 가능성이 높다. 환자가 자신의 상태를 직접 입력하기 때문에 잘못 입력하면 정확한 진단이나 처방이 이뤄지지 않을 가능성이 높을 뿐만 아니라 의료 사고도 발생할 수 있다. 둘째, 장애인이나 노인들은 원격 의료에 사용되는 인터넷과 정보 통신 기기를 다루는 데에 어려움을 겪을 수 있다. 셋째, 환자가 의료 정보를 입력하고 전달하는 과정에서 개인 정보가 누출될 수도 있다. 이로 인해 개인의 사생활 침해가 발생하거나 유출된 정보가 범죄에 악용될 수도 있다.

　이러한 문제점들을 고려해 보았을 때 원격 의료를 실시하는 것은 시기적으로 아직 이르다고 생각한다. 원격 의료는 대면 진료를 하지 않기 때문에 오진의 가능성이 높고 의료 사고가 발생했을 때는 환자가 구제받기가 쉽지 않을 것이다. 따라서 원격 의료는 환자의 건강권에 영향을 미칠 수 있다는 점에서 원격 의료를 실시하는 것에 반대한다.

最近、新型コロナのパンデミックの状況下で、患者が医療機関を利用して
ウイルスに感染してしまうことを防止するため、遠隔医療を一時的に許可し

ている。遠隔医療とは、患者が直接病院を訪問せず、通信ネットワークがつながっているモニターなどの医療装備を通じて医師の診療が受けられるサービスのことをいう。このような遠隔医療は医療の死角地帯を解消し、国民の医療へのアクセスや利便性を高めるのに寄与できる。

しかし、これに伴う問題点も多い。第一に、遠隔医療は誤診の可能性が高い。患者が自分の状態を直接入力するため、間違って入力すると正確な診断や処方が行われない可能性が高いだけでなく、医療事故も発生する可能性がある。第二に、障害者や高齢者は遠隔医療に使われるインターネットと情報通信機器を取り扱うのに困難を感じる恐れがある。第三に、患者が医療情報を入力して伝える過程の中で個人情報が漏洩する可能性もある。これによって個人のプライバシー侵害が発生することや、流出した情報が犯罪に悪用される恐れもある。

このような問題点を考慮して、遠隔医療を実施するのは時期的にまだ早いと思われる。遠隔医療は対面診療をしないため、誤診の可能性が高く、医療事故が発生したときは患者が救済を受けるのが容易ではないだろう。したがって、遠隔医療は患者の健康権に影響を及ぼしかねないという点で、遠隔医療を実施することに反対する。

✓ 間違いを見つける力

練習問題（p.138〜p.140）

1. 성공한 사람들은 소통하는 방법을 확실히 알다. → 안다

> 알다 (知る) は ㄹ不規則動詞なので、한다体の -는다/ㄴ다 と結合するとき、ㄹ が脱落する。

2. 무리하게 운동을 하면 <u>아파지기가</u> 쉽다. → 병이 나기가

> -기가 쉽다 は動詞と結合するので、아프다 (痛い) の代わりに 병이 나다 (病気になる) と書き換えるのがよい。

3. 무엇보다도 회사의 분위기가 <u>중요한다고</u> 생각한다. → 중요하다고

중요하다（重要だ）は形容詞なので、- ㄴ다고 ではなく、- 다고 と結合する。

4. 한국 사람<u>은</u> 가장 좋아하는 음식은 김치찌개이다. → 이

この文は 가장 좋아하는 음식 を前の 한국 사람 が修飾しているため、은（～は）ではなく 이（～が）が適切である。

5. 나에게 맞는 치수가 <u>없는다</u>. → 없다

없다（ない）は形容詞なので、한다体の場合、- 는다 ではなく、- 다 と結合する。

6. 중요한 물건을 보낼 때는 보험에 들지 않으면 안 <u>되다</u>. → 된다

되다（なる）は動詞なので、한다体にする場合は、- 는다/ㄴ다 と結合する。

7. 요즘 사람들은 복잡한 도시보다 조용한 곳에 <u>살고 싶다</u>. → 살고 싶어한다

사람들 が三人称なので、- 어하다/아하다 を使う。

8. 많은 학생들이 함께 모여서 하는 <u>게</u> 좋아한다. → 것을

좋아한다（好む）は動詞なので、助詞 - 을/를（～を）を用いる。形容詞の 좋다（好きだ）は助詞 - 이/가（～が）を用いる。

9. 대중매체란 신문, 잡지, 라디오, 텔레비전 등 다양한 정보를 <u>전달한다</u>. → 전달하는 것을 말한다

- 이란/란（～とは）は - 는 것을 말한다（～することをいう）と一緒に用いる。

10. 사과가 다이어트에 도움이 되는 것을 나타났다. → 으로

> 나타났다（現れる）は自動詞なので、目的語を表す 을（〜を）は用いない。
> 「動詞・形容詞 는/은/ㄴ 것으로 나타났다」で「〜がわかる（明らかになる）」
> という意味になる。

11. 최근 코로나19 바이러스가 확산된다. → 확산되고 있다

> 최근（最近）は -고 있다（〜ている）と呼応する。

12. 인터넷 쇼핑은 시간과 장소에 구애받지 않고 할 수 있는 장점이 있다. → 있
    다는

> 「〜という長所がある」という言い方は、「動詞・形容詞 는다는/ㄴ다는/
> 다는 장점이 있다」という形が正しい。

13. 전문가의 말에 의하면 불황은 또 다른 기회다. → 기회라고 한다

> -에 의하면（〜によると）は間接話法の「動詞・形容詞 는다고/ㄴ다고/다
> 고 한다（〜だという）」と呼応する。

14. 그 동아리가 재미있어 보이니까 가입하였다. → 보여서

> -으니까/니까（〜から／だから）は相手が知っている理由を話すときに使
> 用します。相手が知らない理由を話すときは -어서/아서（〜ので）を使う。

15. 불규칙적인 생활이 지속되면 우울증이나 불안감이 발생할 거다. → 발생할
    것이다

> 話し言葉では -을/ㄹ 거다 が使えるが、書き言葉では -을/ㄹ 것이다 を使う。

16. 아침밥을 챙겨 먹는다는 답변은 2%<u>을</u> 그쳤다. → 에

그치다 が「(ある状態に) とどまる」という意味で使われるので、目的語を表す 을（〜を）ではなく、-에（〜に）を用いる。

17. 역사는 왜 <u>배웁니까</u>? → 배울까/배우는가

書き言葉の疑問形は「動詞・形容詞 을까/ㄹ까?」または「動詞・形容詞 -는가/은가/ㄴ가?」を使う。

18. 군대에서도 핸드폰을 사용하도록 하는 방안이 추진<u>되는</u> 전망이다. → 될

「〜見通しである」という言い方は、「動詞・形容詞 을/ㄹ 전망이다」という形が正しい。

19. 아이가 싫어한다면 무리하게 <u>시키는</u> 필요가 없다. → 시킬

「〜必要がある（ない）」という言い方は、「動詞・形容詞 을/ㄹ 필요가 있다(없다)」という形が正しい。

20. 아이들<u>이</u> 부모가 칭찬할 때 자존감이 올라간다. → 은

この文は「부모가 칭찬할 때 자존감이 올라간다」が述部なので、이（〜が）ではなく 은（〜は）が適切である。

【訳】

1. 成功した人はコミュニケーションする方法を明確に知っている。

2. 無理に運動をすると病気になりやすい。

3. 何よりも会社の雰囲気が重要だと思う。

4. 韓国人が一番好きな食べ物はキムチチゲである。

5. 私に合うサイズがない。

6. 大切な物を送るときは保険に入らなければならない。

7. 最近の人々は混雑な都市より静かなところに住みたがる。

8. 多くの学生が一緒に集まってすることを好む。

9. マスメディアとは新聞、雑誌、ラジオ、テレビなど多様な情報を伝える
   ことをいう。

10. リンゴがダイエットに役立つことがわかった。

11. 最近、新型コロナウイルス（感染）が広がっている。

12. オンラインショッピングは時間と場所に関係なくできるという長所があ
    る。

13. 専門家の話によると不況はまた新しいチャンスだという。

14. そのサークルが面白そうなので加入した。

15. 不規則な生活が続くと、うつ病や不安感が発生するだろう。

16. 朝食を食べるという回答は2%にとどまった。

17. 歴史はなぜ学ぶのか？

18. 軍隊でも携帯電話を使うようにする案が推進される見通しである。

19. 子供が嫌がるなら無理にさせる必要はない。

20. 子供たちは、親が褒めるときに自尊心が上がる。

第1回

[51-52] 次の文章の ㋐ と ㋑ に当てはまる言葉をそれぞれ書きなさい。

（各10点）

51.

掲示板

外国語教室の受講生募集

ネイティブスピーカーから外国語を易しく楽しく習いたいですか？
今度ソウル市で（　㋐　）。外国語に関心のある方なら誰でも申し込み
が可能です。先着順で20名を募集します。関心のある方は（　㋑　）。

・募集期間：2025年1月5日〜1月10日
・申込方法：cooltopik@hangul.co.kr より受付

㋐	・외국어 교실 수강생을 모집하려고 합니다　外国語教室の受講生を募集しようと思います ・외국어 교실 수강생을 모집하고자 합니다　外国語教室の受講生を募集したいと思います
㋑	・서둘러 신청해 주시기 바랍니다　お早めにお申し込みください ・1월 10일까지 신청（접수）해 주십시오　1月10日までにお申し込みください ・이메일로 신청（접수）해 주시기 바랍니다　Eメールにてお申し込み（受付）をお願いします

52.

> お互い近い距離にいるのに、蚊によく刺される人がいれば、短い丈の服を着ていても蚊に刺されない人もいる。研究結果によると、汗をたくさんかく人が蚊によく刺されることが明らかになった。蚊は嗅覚が鋭く発達していて（　㋐　）。したがって、蚊にできるだけ刺されないようにするためには（　㋑　）。

㋐	・멀리서도 땀을 흘린 사람을 잘 찾아간다고 한다　遠くからでも汗をかいた人をよく見つけるという
㋑	・땀을 흘린 후에 바로 씻는 것이 좋다　汗をかいた後すぐ洗い流すのがよい

53. 次は「女性の経済活動参加率」に関する資料です。この内容を200〜300字の文章で書きなさい。ただし、文章のタイトルは書かないこと。（30点）

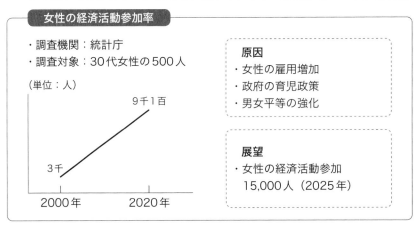

	통	계	청	에	서		30	대		여	성		50	0	명	을		대	상
으	로		여	성	의		경	제		활	동		참	여	율	에		대	해
조	사	하	였	다	.	20	00	년	에		3	천		명	,		20	20	년	에
9	천		1	백		명	으	로		20	년		동	안		약		3	배

| 증가한 | 것으로 | 나타났다. 이와 | 같이 | 변 | 100 |

증가한 것으로 나타났다. 이와 같이 변화한 원인은 여러 가지가 있다. 첫째, 여성에게 적합한 일자리가 증가하였다. 둘째, 정부의 육아 정책이 뒷받침되었기 때문이다. 셋째, 양성 평등 강화가 여성의 경제 활동률이 증가하는 데에 영향을 주었다. 이러한 영향이 계속된다면 2025년에는 경제 활동에 참여하는 여성이 15,000명에 이를 것으로 전망된다.

　統計庁で30代女性500人を対象に女性の経済活動参加率について調査を行った。2000年に3千人、2020年に9千100人と、20年間で約3倍増加したことがわかった。このように変化した原因はいくつかある。第一に、女性に適した仕事が増加した。第二に、政府の育児政策がサポートしたためである。第三に、男女平等の強化が女性の経済活動率の増加に影響を与えた。このような影響が続けば、2025年には経済活動に参加する女性は15,000人に達する見通しである。

54. 次を参考にして、600〜700字で文章を書きなさい。ただし、問題文をそのまま書き写さないこと。（50点）

> 　科学技術の発達は人類の文明の発展に大きく貢献した。食糧、疾病、交通など多様な方面で人間の生活を非常に潤いある豊かなものにしている。このように科学技術は人間の生活に直接的な影響を与えている。以下の内容を中心に「科学技術の発達が人間に及ぼした影響」についてあなたの意見を書きなさい。

	과	학		기	술	은		인	류	의		행	복	을		증	진	시	켰
다	고		할		수		있	다	.	생	명		공	학	으	로		식	량
부	족		문	제	를		해	결	할		수		있	게		되	었	고	
질	병	의		원	인	을		찾	아	내	어		신	약	과		새	로	운
치	료	법	을		통	해		건	강	하	게		살		수		있	게	
되	었	다	.		또	한		교	통		기	관	의		발	명	으	로		인
간	의		활	동		범	위	도		확	대	되	었	으	며		최	근	에
는		인	간	과		지	능	이		비	슷	한		로	봇	까	지		만
들	어	내	며		인	간	이		할		수		없	는		일	을		로
봇	이		대	체	할		수		있	게		되	었	다	.				
	과	학		기	술	이		인	류	의		행	복	과		복	지	에	
기	여	했	음	은		틀	림	없	는		사	실	이	다	.		그	러	나
과	학		기	술	의		발	달	이		인	간	의		행	복	과		비
례	하	는	지	는		다	른		문	제	이	다	.		과	학		기	술	은
개	발	되	었	을		때	의		의	도	와	는		다	르	게		사	용
되	어		예	상	하	지		못	한		부	정	적	인		결	과	를	
초	래	할		수		있	다	.	산	업	용	으	로		개	발	된		다
이	너	마	이	트	는		전	쟁		무	기	로		사	용	되	어		수
많	은		목	숨	을		앗	아	가	는		비	극	적	인		결	과	를
초	래	했	다	.		또	한		생	명		과	학		기	술	의		발	달
에		따	라		생	기	는		윤	리	적	인		문	제	도		무	시

(100, 200, 300, 400 행 표시)

할	수		없	다	.	생	명		과	학		기	술	의		발	달	로

할　수　없다.　생명　과학　기술의　발달로
가능해진　유전자　검사,　맞춤　아기　등은
여전히　논란의　중심에　있다.
　과학　기술은　인간에게　편리함을　가져　**500**
다　줄　수　있지만　발달함에　따라　생기
는　여러　문제가　있는　양날의　검　같은
존재이다.　따라서　인류는　과학　기술을
인류의　번영과　행복에　기여할　수　있는
방향으로　사용해야　한다.　인류가　기술을　**600**
인류의　행복이　증진되고　보다　많은　일
자리가　제공될　수　있는　영역에　이용하
며　과학　기술로　인한　여러　윤리적　문
제를　해결할　때　과학　기술은　인간에게
유용한　도구가　될　수　있을　것이다.　**700**

科学技術は人類の幸福を増進させたといえる。生命工学で食糧不足問題を解決できるようになり、病気の原因を見つけ、新薬と新しい治療法を通じて健康に暮らせるようになった。また、交通機関の発明で人間の活動範囲も拡大し、最近は人間と知能が似ているロボットまで作り出し、人間ができないことをロボットが代替できるようになった。

科学技術が人類の幸福と福祉に貢献したことは間違いない事実である。しかし、科学技術の発達が人間の幸福と比例するかは別の問題である。科学技術は開発された当時の意図とは違った形で使用され、予期せぬ否定的な結果をもたらす可能性がある。産業用に開発されたダイナマイトは戦争兵器として使われ、数多くの命を奪う悲劇的な結果をもたらした。また、生命科学技術の発達によって生じる倫理的な問題も無視できない。生命科学技術の発達によって可能になった遺伝子検査、デザイナーベイビーなどは依然として議

論の中心にある。

　科学技術は人間に利便性をもたらすことができるが、発達するにつれて生じるさまざまな問題がある両刃の剣のような存在である。したがって、人類は科学技術を人類の繁栄と幸福に寄与できる方向へ使わなければならない。人類が技術を人類の幸せが増進され、より多くの仕事を提供する領域に利用し、科学技術によるさまざまな倫理的問題について解決するとき、科学技術は人間にとって有用な道具になり得るだろう。

[第2回]

[51-52] 次の文章の ⑦ と ⓛ に当てはまる言葉を書きなさい。（各10点）

51.

○○○

| 件名 | 観覧に関するお問い合わせです。 |

こんにちは。ソウル市立美術館で団体観覧の予約をしたいのですが。
ホームページに案内されている内容によると、20名以上の場合は
（　⑦　）。
予約をしたいのですが、（　ⓛ　）?
ご返信お待ちしております。ありがとうございます。

⑦	・예약 전에 전화로 문의를 해야 된다고 쓰여 있습니다　예약 전에 전화로 문い合わせをしなければならないと書いてあります ・예약을 해야 한다고 쓰여 있습니다　予約をしなければならないと書いてあります
ⓛ	・어디로 전화를 하면 됩니까　どこに電話をすればいいですか ・어떻게 하면 될까요　どうすればいいですか

114

52.

> 　我々は、光は良いもの、闇は悪いものと認識する傾向がある。しか
> し（　㋐　）。明るい光も過度だと公害になることがわかった。光の公
> 害は人間だけでなく動物、昆虫、植物などの行動に否定的な影響を及
> ぼすという。そのため、不要な照明を減らして（　㋑　）。

㋐	・빛이 다 좋은 것은 아니다　光がすべて良いわけではない
㋑	・실제 필요한 부분만을 효율적으로 밝히는 게 좋다　実際に必要な部分だけを効率的に明るくしたほうがよい

53. 次は「転職を希望しているか」に関する資料です。この内容を200〜300
　　字の文章で書きなさい。ただし、文章のタイトルは書かないこと。（30点）

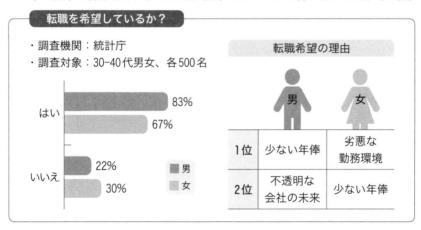

통	계	청	에	서		3	,	40	대		남	녀		각		50	0	명
을		대	상	으	로		'	이	직	을		희	망	하	는	가	'	에
대	해		조	사	하	였	다	.		그		결	과		'	그	렇	다	'	라
고		응	답	한		남	자	는		83	%	,		여	자	는		67	%	였
다	.		'	아	니	다	'	라	고		응	답	한		남	자	는		22	%,

100

<table>
</table>

여자는 30%였다. 이직을 희망하는 이유에 대해 남자는 '연봉이 적어서', 여자는 '근무 환경이 열악해서'라고 응답한 경우가 가장 많았다. 이어 남자는 '회사의 미래가 불투명해서', 여자는 '연봉이 적어서'라고 응답하였다.

統計庁では30～40代の男女各500人を対象に「転職を希望するか」について調査を行った。その結果、「はい」と回答した男性は83%、女性は67%だった。「いいえ」と回答した男性は22%、女性は30%であった。転職を希望する理由について、男性は「年俸が少ないため」、女性は「勤務環境が劣悪なため」と回答したケースが最も多かった。次いで、男性は「会社の未来が不透明なため」、女性は「年俸が少ないため」と回答した。

54. 次を参考にして、600～700字で文章を書きなさい。ただし、問題文をそのまま書き写さないこと。（50点）

> 今日（今の時代）、我々は寝て起きたら新語が溢れる世の中に生きているといっても過言ではない。新語は主にオンラインコミュニティ、SNS、YouTubeなどで活発に使われていて、瞬く間に広がっている。以下の内容を中心に「新語の使用」についてあなたの意見を書きなさい。
>
> ・新語を使う理由は何か？
> ・新語使用の問題点は何か？
> ・新語の使用に対する自分の立場は何か？

신조어란　시대의　변화에　따라　새로운
것들을　표현하기　위해　새롭게　만들어진
말이나　기존에　있던　말에　새로운　의미
를　부여한　말을　말한다.　신조어는　주로
온라인　매체를　통해서　접하게　되는데
주로　SNS　및　온라인　커뮤니티,　인터
넷　방송　등에서　신조어를　습득하여　사
용하고　있다.　이러한　신조어를　왜　습득
하면서　사용하는　것일까?　신조어를　사
용하면　길고　복잡한　설명이　없어도　쉽
게　의사소통을　할　수　있다.　그리고　말
을　빠르게　전달하기에도　좋을　뿐만　아
니라　새롭고　재미있는　표현이　많아　소
통하는　데에　즐거움을　주기도　한다.
　그러나　무분별한　신조어의　사용으로
인한　우려의　목소리도　커지고　있다.　우
선,　세대　간의　차이를　가져올　수　있어
대화가　단절되거나　언어의　격차가　커질
가능성이　있다.　둘째,　신조어를　무분별하
게　사용하면서　한글이　훼손되고　있다.
신조어　가운데는　맞춤법이　틀리고　뜻을
알　수　없을　만큼　줄여　쓰거나　어느
나라　말인지　불분명한　것들도　많다.
　신조어가　간편하고　재미있는　요소를
지니고　있지만　신조어로　인해　올바르지

않은 언어 습관이 형성될 수 있다는 점에서 신조어 사용에 반대한다. 신조어가 사람들에게 혼동을 줄 수도 있을 뿐만 아니라 신조어를 사용하는 사람과 사용하지 않는 사람들 간의 언어 격차가 생길 수 있다. 따라서 가급적 신조어 사용은 줄이고 올바른 언어를 사용하는 습관을 길러야 한다.

600

700

新語とは時代の変化に応じて新しいことを表現するために新しく作られた言葉や、既存の言葉に新しい意味を付与した言葉のことをいう。新語は主にオンラインメディアを通じて接するのだが、主にSNSやオンラインコミュニティ、インターネット放送などから新語を習得して使っている。このような新語をなぜ習得し、使うのだろうか？ 新語を使えば、長くて複雑な説明がなくても簡単にコミュニケーションをとることができる。また、言葉を早く伝えるのにも良いだけでなく、新しくて面白い表現が多いため、コミュニケーションするのに楽しみを与えることもある。

しかし、無分別な新語の使用に伴う憂慮の声も高まっている。まず、世代間のギャップをもたらすかもしれず、対話が途切れたり、言語の格差が大きくなったりする可能性がある。二つ目に、新語を無分別に使うことで、ハングルが壊されている。新語の中には正書法が間違っていて、意味がわからなくなるほど略して使ったり、どの国の言葉なのか不明なものも多い。

新語は便利で面白い要素を持っているが、新語により、正しくない言語習慣が形成されるかもしれないという点で、新語の使用に反対する。新語が人々に混同を与えるだけでなく、新語を使う人と使わない人の間の言語格差が生じかねない。したがって、なるべく新語の使用は減らし、正しい言語を使う習慣を身につけなければならない。

[51-52] 次の文章の ⑦ と ⓛ に当てはまる言葉を書きなさい。（各10点）

51.

エレベーター定期点検のご案内

　故障や*安全事故に備えるため（　　⑦　　）。定期点検の間は階段をご利用ください。定期点検を以下のように行いますので、住民の皆様は（　　ⓛ　　）。詳細については、アパート管理室までお問い合わせください。

・日時：2022年12月2日(水)10:00〜12:00
・場所：全フロアエレベーター

*安全事故：安全な生活のための規則などを遵守しなかったことで起きる
　　　　　　事故

---

⑦	・엘리베이터 정기 점검을 실시하려고 합니다　エレベーターの定期点検を実施する予定です
ⓛ	・이용에 불편이 없으시기 바랍니다　ご利用にご不便がないよう（ご確認のほど）お願いします
	・다소 불편하더라도 양해해 주시기 바랍니다　多少ご不便をおかけしますが、ご了承ください

52.

　ビタミンDは食品として摂取しなくても日光を通じて得ることができる。しかし、過度に紫外線に当たると皮膚癌や皮膚老化の原因になるので（　　⑦　　）。しかし、年を取るほど、肥満であるほど、同じ量の日光に当たってもビタミンDの吸収能力は落ちる。そのため、（　　ⓛ　　）。

㉠	・햇빛에 적당히 노출되어야 한다　日光に適度に当たらなければならない
㉡	・비타민 D가 들어있는 음식을 챙겨 먹는 것이 좋다　ビタミンDが入っている食べ物を食べたほうがよい

53. 次は「韓国人1人当たりの年間コーヒー消費量」に関する資料です。この内容を200〜300字の文章で書きなさい。ただし、文章のタイトルを書かないこと。（30点）

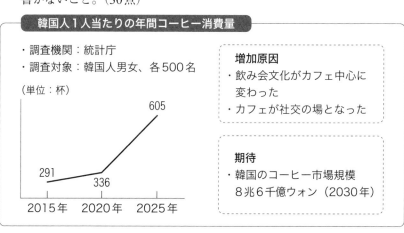

	통	계	청	에	서		한	국	인		남	녀		각		50	0	명	을
대	상	으	로		한	국	인		1	인	당		연	간		커	피		소
비	량	에		대	해		조	사	하	였	다	.	한	국	인		1	인	당
연	간		커	피		소	비	량	을		살	펴	보	면		20	15	년	에
29	1	잔	에	서		20	20	년	에	는		33	6	잔	,	20	25	년	에
는		60	5	잔	으	로		10	년		동	안		거	의		2	배	
증	가	한		것	으	로		나	타	났	다	.	이	와		같	이		증
가	한		원	인	은		술	,	회	식		문	화	가		카	페		중
심	으	로		바	뀌	고		카	페	가		사	교	의		장	이		되

었	기		때	문	인		것	으	로			보	인	다	.		이	러	한		영
향	이		계	속	된	다	면		20	30	년	에	는			한	국	의		커
피		시	장		규	모	가		8	조		6	천	억		원	에		이
를		것	으	로		기	대	된	다	.										

統計庁では韓国人男女各500人を対象に韓国人1人当たりの年間コーヒー消費量について調査を行った。韓国人1人当たりの年間コーヒー消費量を見ると、2015年に291杯で、2020年には336杯、2025年には605杯と、10年間でほぼ2倍増加したことがわかった。このように増加した原因は、酒、会食（飲み会）文化がカフェ中心に変わり、カフェが社交の場になったためと思われる。このような影響が続けば、2030年には韓国のコーヒー市場規模が8兆6千億ウォンに達するものと期待される。

54. 次を参考にして、600〜700字で文章を書きなさい。ただし、問題文をそのまま書き写さないこと。（50点）

> ここ数年間インターネット、スマートフォンなどを通じたSNSが急速に普及し、オンラインを通じた*ファンダム活動も急激に増えている。ファンダム文化が一般化し、ファンダム文化は10代の文化の一部になったと言っても過言ではない。以下の内容を中心にファンダム文化についてあなたの意見を書きなさい。

> ・ファンダム文化が青少年に及ぼす肯定的な影響は何か？
> ・ファンダム文化が青少年に及ぼす否定的な影響は何か？
> ・ファンダム文化に対するあなたの立場は何か？
>
> *ファンダム活動：ファンが集まって行う活動、推し活

121

'팬덤'이란　어떤　대상을　열정적으로
좋아하는　집단을　말하며,　그러한　흐름을
팬덤　문화라고　한다.　정보　통신　기술의
발달로　팬덤　문화는　급속하게　퍼져가고
있으며　이는　특히　청소년들에게　많은
영향을　미치고　있다.
　　팬덤이　청소년에게　미치는　긍정적인
영향으로는　다음과　같은　것들이　있다.
첫째,　학업　스트레스로　인해　삶의　만족
도가　떨어져　있는　청소년들이　팬덤　활
동을　통해　스트레스를　풀　수　있다.　둘
째,　팬덤　문화에서는　같은　마음을　가진
팬들이　있고　그들의　의견을　동조해　주
고　각자의　의견을　존중해　주면서　청소
년들　간의　상호　교류의　기회가　많기
때문에　이를　통해　사회성을　키울　수
있다.
　　그러나　최근　팬덤의　형태는　특정　스
타의　생활양식을　자기　것으로　동일시하
고　맹목적으로　추종하면서　잘못을　무조
건　옹호하고,　팬덤들　간　배타적인　행동
을　하게　된다.　그뿐만　아니라　팬덤　활
동을　하느라고　자신의　할　일을　제대로
하지　못한다는　단점도　있다.
　　이처럼　팬덤　문화에는　여러　단점들도

있	지	만		팬	덤		문	화	가		청	소	년	들	에	게		미	치
는		긍	정	적	인		영	향	은		부	정	적	인		면	보	다	
더		크	다	고		생	각	한	다	.	청	소	년	들	이		팬	덤	
활	동	에		적	극	적	으	로		참	여	하	면	서		의	미	들	을
생	산	해		내	고		그		과	정	에	서		팬	덤	의		일	원
으	로	서		소	속	감	,	자	부	심	을		느	끼	게		된	다	.
그	리	고		팬	덤		활	동	을		통	해	서		만	족	감	과	
보	람	을		느	끼	게		해	준	다	는		점	에	서		팬	덤	
활	동	은		청	소	년	에	게		나	쁜		영	향	보	다	는		좋
은		영	향	이		더		많	다	고		생	각	한	다	.			

600

700

「ファンダム」とは、ある対象を情熱的に好きな集団のことをいい、そのようなトレンドをファンダム文化という。情報通信技術の発達により、ファンダム文化は急速に広まっており、これは特に青少年に多くの影響を及ぼしている。

ファンダムが青少年に及ぼす肯定的な影響としては次のようなものがある。第一に、学業のストレスによって人生の満足度が下がっている青少年たちが、ファンダム活動を通じてストレスを解消することができる。第二に、ファンダム文化では同じ気持ちを持っているファンがいて、彼らの意見に同調し、各自の意見を尊重しながら青少年間の相互交流の機会が多いため、それを通じて社会性を育てることができる。

しかし、最近のファンダムの形は、特定のスターの生活様式を自分のものと同一視し、盲目的に追いかけて過ちを無条件にかばい、ファンダムたちの間で排他的な行動をするようになっている。それだけでなく、ファンダム活動をするために、自分のやるべきことをまともにしないという短所もある。

このようにファンダム文化にはいろいろな短所もあるが、ファンダム文化が青少年たちに及ぼす肯定的な影響は否定的な面より大きいと思われる。青少年たちがファンダム活動に積極的に参加することで意味を生み出し、その過程でファンダムの一員として帰属意識、自負心を感じることになる。そし

てファンダム活動を通じて満足感とやりがいを感じさせるという点で、ファンダム活動は青少年に悪い影響よりは良い影響がより大きいと思う。

第4回

[51-52] 次の文章の ⑦ と ⓛ に当てはまる言葉を書きなさい。（各10点）

51.

忘れ物を探しています。

　3月25日午後4時頃に図書館1階の閲覧室にて（　⑦　）。慌ててかばんに物をしまっていた際に財布を落としたようです。財布は少し古い茶色の革の財布です。財布の中にクレジットカードと証明写真が何枚かあります。この財布を（　ⓛ　）。届けてくださった方には必ず感謝の気持ちをお伝えます。私の連絡先は010-1234-1234です。

---

⑦	・지갑을 잃어버렸습니다　財布をなくしてしまいました
ⓛ	・주우신 분은 연락 주시기 바랍니다　拾った方はご連絡ください
	・보신 분은 연락 주십시오　見つけた方はご連絡ください

52.

　生活習慣で認知症を予防できるという研究結果が発表された。まず、ウォーキングと階段の利用、ストレッチなど（　⑦　）。その次に運動、読書、映画観賞などのような（　ⓛ　）。このように持続的に脳細胞を刺激できる頭脳活動をすれば、認知症のリスクの減少に肯定的な影響を与えることが可能である。

| ㉠ | ・간단한 일상생활에서 할 수 있는 운동을 하는 것이 좋다   簡単な、日常生活でできる運動をしたほうがよい |
| ㉡ | ・취미 활동을 하는 것이다   趣味活動をすることである |

53. 次は「「韓国」といえば何が思い浮かびますか？」に関する資料です。この内容を200〜300字の文章で書きなさい。ただし、文章のタイトルを書かないこと。（30点）

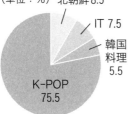

「韓国」と言えば思い浮かぶイメージ

・調査機関：韓国観光公社
・調査対象：外国人100人

（単位：%）北朝鮮8.5

IT 7.5
韓国料理 5.5
K-POP 75.5

国別K-POP消費状況

■アメリカ □日本 ■中国

2倍 2015年 2025年
1.1倍 2015年 2025年
1.5倍 2015年 2025年

人気要因
・魅力的なK-POP歌手の外見とスタイル
・韓国の最新ファッション、美容などのトレンドが見られる

	한	국	관	광	공	사	에	서		외	국	인		1	0	0	명	을		대
상	으	로		'	한	국	'	하	면		떠	오	르	는		이	미	지	에
대	해		조	사	하	였	다	.		그		결	과		K	-	P	O	P	이
75	.5	%	,		북	한	이		8	.5	%	,		I	T	가		7	.5	%	,
한	식	이		5	.5	%	인		것	으	로		나	타	났	다	.		나	라
별		K	-	P	O	P		소	비		현	황	을		살	펴	보	면	
10	년	간		미	국	은		2	배	,		일	본	은		1	.1	배	,	중
국	은		1	.5	배		늘	어	난		것	으	로		나	타	났	으	며
미	국	이		가	장		높	은		증	가	율	을		보	였	다	.		이
와		같	이		인	기	가		있	는		이	유	는		K	-	P	O

100

200

P		가	수	의		외	모	와		스	타	일	이		매	력	적	이	고
한	국	의		최	신		패	션	,		뷰	티		등		트	렌	드	를
볼		수		있	기		때	문	인		것	으	로		보	인	다	.

300

　韓国観光公社では外国人100人を対象に「韓国」といえば思い浮かぶイメージについて調査を行った。その結果、K-POPが75.5%、北朝鮮が8.5%、ITが7.5%、韓国料理が5.5%であることがわかった。国別のK-POP（関連）の消費の現況を見ると、10年間でアメリカは2倍、日本は1.1倍、中国は1.5倍増えたことがわかり、アメリカが最も高い増加率を示した。このように人気がある理由は、K-POP歌手の外見とスタイルが魅力的であり、韓国の最新ファッション、美容などのトレンドが見られるためと思われる。

54. 次を参考にして、600〜700字で文章を書きなさい。ただし、問題文をそのまま書き写さないこと。（50点）

> 　世界的にエネルギー需要は増えていく反面、石油、石炭などの化石燃料は枯渇しつつある。このような視点から、原子力発電は人類のエネルギー需要を充足させることができる最も現実的な対案である。しかし、原子力発電は運営コストが安いという点で経済的だと評価されているものの、原子力発電の危険性も大きい。以下の内容を中心に「原子力発電」についてあなたの意見を書きなさい。

・原子力発電はなぜ必要なのか？
・原子力の問題点は何か？
・原子力発電所の建設に賛成か、反対か？　根拠を挙げてあなたの意見を書きなさい。

우리들의　일상에서　갑자기　정전이　되
면　동시에　모든　것이　정지된다.　이처럼
전기는　우리　생활에　빼놓을　수　없는
필수　불가결한　것이다.　원자력　발전은
우리　생활에　필요한　전기를　공급하는
데에　적지　않은　비중을　차지하고　있다.
원자력은　화석　연료와는　다르게　탄소를
배출하지　않는다는　이점을　가지고　있다.
그뿐만　아니라　원자력　발전은　화석　연
료보다　장기적으로　공급이　가능하고　운
영　비용이　매우　저렴하기　때문에　경제
적이라고　할　수　있다.
　　그러나　원자력　발전은　다른　발전에
비해　초기　건설　비용이　많이　든다.　게
다가　원전　폐쇄　후　관리　및　해체　비
용,　핵폐기물　처분　비용까지　생각하면
초기　건설　비용보다　많은　자본이　들어
간다.　또한　원자력이　청정　에너지라는
이미지와는　다르게　핵에너지를　사용하기
때문에　원자력　발전으로　인해　기후　변
화가　일어나는　등　심각한　환경　파괴를
불러일으킬　것이다.　그리고　대량의　방사
능과　핵폐기물을　유발하기　때문에　원자
력은　결코　깨끗하고　재생　가능한　에너
지라고　할　수　없다.

	이	처	럼		원	자	력		발	전	은		우	리	에	게		그	리
좋	은		영	향	을		주	지		않	지	만		전	기		에	너	지
의		절	대	적	인		필	요	성		때	문	에		원	자	력		발
전		건	설	에		찬	성	한	다	.	다	른		에	너	지	보	다	
싸	게		계	속		공	급	해	야		한	다	면		원	전	의		증
설	은		불	가	피	하	다	.	그	리	고		기	존		원	전		안
정	성		강	화	에		투	자	하	는		것	이		다	른		자	원
개	발	에		돈	을		쏟	아	붓	는		것	보	다		더		효	율
적	이	라	고		생	각	한	다	.										

600

700

　我々の日常において突然停電になると同時にすべてが停止する。このように電気は我々の生活に欠かすことのできない必要不可欠なものである。原子力発電は我々の生活に必要な電気を供給するのに少なからぬ比重を占めている。原子力は化石燃料とは異なり、炭素を排出しないという利点を持っている。それだけでなく、原子力発電は化石燃料より長期的に供給が可能で、運営費用が非常に安いため経済的だといえる。

　しかし、原子力発電は他の発電に比べて初期建設費用が多くかかる。その上、原発閉鎖後の管理および解体費用、核廃棄物処分の費用まで考えると、初期建設費用より多くの資金が要る。また、原子力がクリーンエネルギーというイメージとは異なり、核エネルギーを使用するため、原子力発電によって気候変動が起こるなど深刻な環境破壊を呼び起こすだろう。そして大量の放射能と核廃棄物を出すため、原子力は決してきれいで再生可能なエネルギーとはいえない。

　このように原子力発電は我々にあまり良い影響を与えないが、電気エネルギーの絶対的な必要性から原発建設に賛成する。他のエネルギーより安く供給し続けるなら、原発の増設は避けられない。そして、従来の原発安定性強化に投資することが、他の資源開発にお金をつぎ込むよりも効率的だと思われる。

[51-52] 次の文章の ㋐ と ㋑ に当てはまる言葉を書きなさい。（各10点）

51.

```
○○○                                    ✉ E-mail

ジミン、この前カメラを（  ㋐  ）。きみのおかげで旅行に行って良
い写真がたくさん撮れたよ。ところで、カメラをいつ（  ㋑  ）？
日付と時間を教えてくれれば、僕が直接きみのところに行って返すよ。
返事待ってるね。
```

㋐	・빌려 줘서 고마워　貸してくれてありがとう
㋑	・돌려 주면 될까　返せばいいかな

52.

　才能寄付とは、個人が持っている能力を個人の利益のためではなく、
公共のために使う寄付形態をいう。才能寄付が金銭的な寄付と異なる
点は2つある。第一に、金銭的な寄付は一回限りがほとんどであるが、
才能寄付は（ ㋐ ）。第二に、お金がなくても（ ㋑ ）。例えば、
声が良い人は視覚障害者のために自分の声の才能を寄付することがで
きる。

㋐	・지속적으로 할 수 있다　持続的にすることができる（持続的に可能である）
㋑	・개인이 가지고 있는 재능을 활용할 수 있다　個人が持っている才能を活用できる

53. 次は「ブランド品消費率」に関する資料です。この内容を200〜300字の文章で書きなさい。ただし、文章のタイトルは書かないこと。（30点）

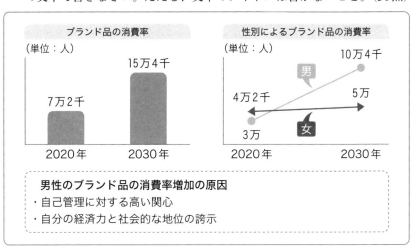

ブランド品の消費率
（単位：人）

7万2千　2020年
15万4千　2030年

性別によるブランド品の消費率
（単位：人）

男　10万4千
4万2千
5万
3万
女
2020年　2030年

男性のブランド品の消費率増加の原因
・自己管理に対する高い関心
・自分の経済力と社会的な地位の誇示

	명	품		소	비	율	에		대	해		조	사	한		결	과		20
20	년	에		7	만		2	천		명	,		20	30	년	에		15	만
4	천		명	으	로		10	년		동	안		약		2	배		증	가
한		것	으	로		나	타	났	다	.	성	별	에		따	른		명	품
소	비	율	을		살	펴	보	면		남	자	의		경	우		20	20	년
에		3	만		명	,		20	30	년	에		10	만		4	천		명	으
로		약		3	배		이	상		증	가	한		반	면	,		여	자	의
경	우		20	20	년	에		4	만		2	천		명	,		20	30	년	에
5	만		명	으	로		소	폭		증	가	하	였	다	.	이	와		같
이		남	성	들	의		명	품		소	비	율	이		증	가	한		이
유	는		남	성	들	의		자	기		관	리	에		대	한		관	심
이		높	아	지	고		있	고		명	품	으	로		자	신	의		경
제	력	과		사	회	적		지	위	를		과	시	하	려	고		하	기
때	문	인		것	으	로		보	인	다	.								

100

200

300

　ブランド品の消費率について調査した結果、2020年に7万2千人、2030年に15万4千人と、10年間で約2倍増加していることがわかった。性別によるブランド品消費率を見ると、男性の場合は2020年に3万人、2030年に10万4千人と約3倍以上増加した一方で、女性の場合は2020年に4万2千人、2030年に5万人と少し増加した。このように男性のブランド品消費率が増加した理由は、男性の自己管理への関心が高まっており、ブランド品で自分の経済力と社会的地位を誇示しようとするためと思われる。

54. 次を参考にして、600〜700字で文章を書きなさい。ただし、問題文をそのまま書き写さないこと。（50点）

　ここ数年、少年犯罪はさらに凶悪化し、計画犯罪化しつつある。世論は少年法の軽い処罰に少年法廃止を通じて少年犯に警戒心を植え付ける必要があると主張している。以下の内容を中心に「少年法廃止」についてあなたの意見を書きなさい。

・なぜ少年法を廃止しなければならないのか？
・少年法を廃止することによって生じる問題点は何か？
・少年法廃止の対案として何があるのか。

최	근		청	소	년	들	의		강	력		범	죄	가		꾸	준	히
늘	어	나	고		있	다	.	게	다	가		미	성	년	자	의		수	위
높	은		잔	혹	한		범	죄	가		계	속	되	면	서		소	년
범	죄	에		대	한		처	벌	을		강	화	해	야		한	다	는
여	론	이		확	산	되	고		있	다	.							
	그	러	나		소	년		범	죄	가		단	순		강	력	처	벌
로		강	화	한	다	면		그	에		따	른		문	제	점	도	발

100

생한다. 오히려 교도소에서 동일 범죄

소년과 접촉하면서 범죄 수법을 배우는

등 또 다른 범죄를 양상할 우려가 있 200

다. 그리고 법 기준을 강화한다고 해서

미성년 범죄를 예방할 수 있다는 근거

도 분명하지 않다. 미국에서는 소년범에

대한 처벌을 강화하였으나 실제로 엄한

처벌을 받은 소년들의 재범률이 높았다 300

는 연구 결과가 있었다. 또한 미성년자

를 성인과 동일하게 형벌을 부과하면

보호 처분에 의한 소년원이 아닌 형사

처벌에 의한 교도소에서 수감 생활을

해야 하기 때문에 사회적응력을 떨어뜨 400

려 사회로의 복귀가 더욱 힘들어진다.

엄중한 처벌을 통해 범죄 소년을 사회

와 격리한다면 지금 당장은 재범을 막

을 수 있겠지만 근본적인 해결책이 될

수는 없을 것이다. 500

　그러므로 소년법 폐지를 통해 엄중한

처벌을 하기보다는 교화가 우선시되어야

할 것이다. 소년범들이 건강하게 사회에

적응할 수 있도록 교화 제도를 더 강

화해야 한다. 그리고 형사 처분을 받지 600

않는 나이를 14세에서 13세, 12세로 낮

추거나 살인이나 강간 등 강력범죄를

저	지	른		청	소	년	은		소	년	법		적	용		대	상	에	서
제	외	하	는		등	의		방	법	도		소	년	법		폐	지		대
안		중	하	나	이	다	.												

700

　最近、青少年の凶悪犯罪が継続的に増えている。さらに、未成年者の悪質性の高い残酷な犯罪が続き、少年犯罪に対する処罰を強化しなければならないという世論が高まっている。

　しかし、少年犯罪が単純に強力処罰に強化されれば、それに伴う問題点も発生する。むしろ刑務所で同一犯罪（を犯した）少年と接触することで犯罪の手法を学ぶなど、さらなる犯罪を量産する恐れがある。そして、法的基準を強化したからといって未成年の犯罪を予防できるという根拠も明確ではない。アメリカでは少年犯に対する処罰を強化したが、実際に厳しい処罰を受けた少年の再犯率が高かったという研究結果があった。また、未成年者に成人と同じ刑罰を科せば、保護処分による少年院ではなく、刑事処罰による刑務所で受刑生活を送らなければならないため、社会適応力を低下させ、社会への復帰がさらに難しくなる。厳重な処罰を通じて犯罪少年を社会と隔離すると、さしあたっては再犯を防ぐことができるが、根本的な解決策にはならないだろう。

　そのため、少年法廃止を通じて厳重な処罰をするよりは、教化が優先されなければならないだろう。少年犯が健全に社会に適応できるよう、教化制度をさらに強化しなければならない。そして刑事処分を受けない年齢を14歳から13歳、12歳に引き下げたり、殺人や強姦などの凶悪犯罪を起こした青少年は少年法の適用対象から除外したりするなどの方法も少年法廃止の対案の一つである。

解答用紙 （問51−53）

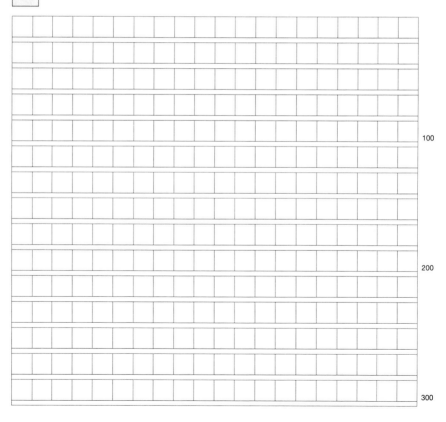

51.
㉠

㉡

52.
㉠

㉡

53.

100

200

300

解答用紙（問51−53）

51.	㋐	
	㋑	

52.	㋐	
	㋑	

53.

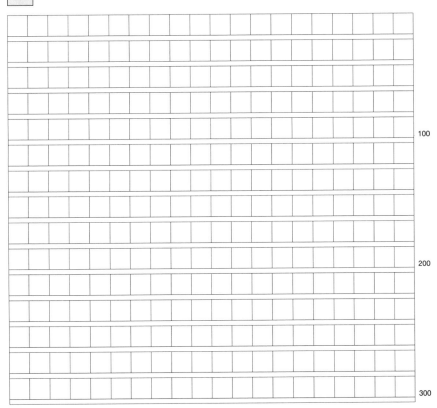

解答用紙 （問51-53）

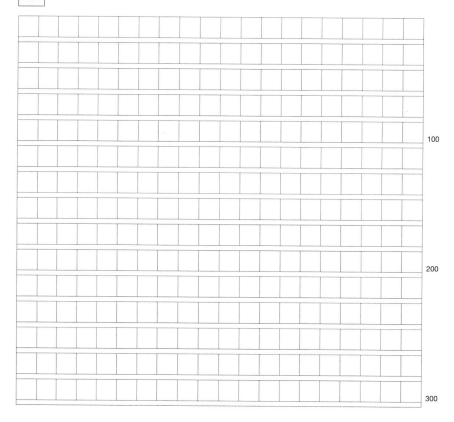

51.
ㄱ
ㄴ

52.
ㄱ
ㄴ

53.

100

200

300

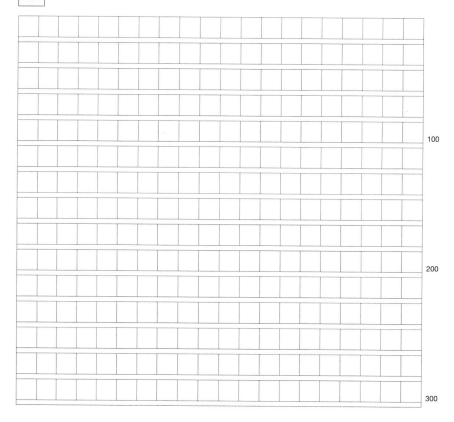

解答用紙 （問51-53）

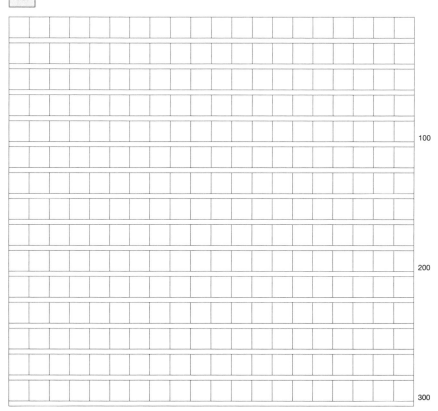

51.	㋐	
	㋑	

52.	㋐	
	㋑	

53.

(原稿用紙)

100

200

300

54.

54.

500

600

700

141

54.

(blank manuscript grid with markers 100, 200, 300, 400)

142